Lorenz Matzat

Datenjournalismus

Methode einer digitalen Welt

DATEN-JOURNALISMUS

Methode einer digitalen Welt

UVK Verlagsgesellschaft mbH | Konstanz und München

INHALT

A

EINFÜHRUNG

A1 ÜBER DIESES BUCH

Daten zum Klingen zu bringen ist das Aufgabengebiet des Datenjournalismus. Mit ihm können auf einzigartige Weise Erkenntnisse verdeutlicht und Sachverhalte geklärt werden. Das Genre begann, sich Ende des ersten Jahrzehnts des 21. Jahrhunderts zu bilden, als die Digitalisierung der Gesellschaft voll in Schwung kam und die Menge an erzeugten und verfügbaren Daten stetig weiter zunahm. Datenjournalismus ist das Instrument, um der Digitalisierung der Gesellschaft, Wirtschaft und Wissenschaft journalistisch gerecht zu werden.
Dieses Buch gibt einen Einblick in das recht junge Genre Datenjournalismus und richtet sich an Einsteiger in das Thema. Im ersten Kapitel geht es um den Rohstoff des Ganzen: Daten und deren Formate – wie zusammen mit Software Journalismus gemacht kann. Der zweite Abschnitt dreht sich um das methodische Vorgehen: dem Beschaffen und Säubern von Daten, der Analyse der Daten und der Berichterstattung mit ihnen.
Der dritte und letzte Abschnitt handelt von dem Produkt, dem journalistischen Werk: Also was ist bei dessen Veröffentlichung zu beachten? Es ist dabei die Rede von Servertechnologien, Nutzerfreundlichkeit, Testen und nicht zuletzt von Datenvisualisierungen.
Am Ende des Buches findet sich ein Glossar zu den wichtigsten Begriffen und Verfahren.
Unter der Internetadresse www.datenjournalist.de/buch finden sich alle im Buch aufgeführten Links zu Leitfäden, Werkzeugen, Beispielen und Datenquellen mit der entsprechenden Seitenzahl. Im Text wird durch LINK auf einen Eintrag dort hingewiesen.

A2 WAS IST DATENJOURNALISMUS?

Der Einsatz eines Balkendiagramms auf der Website eines journalistischen Mediums oder einer Karte mit einigen markierten Datenpunkten, das ist kein Datenjournalismus. Wäre dem so, wäre der Begriff überflüssig. Denn Statistiken und Diagramme gehören seit Langem, wenn nicht von Anbeginn an zum Journalismus.

Aber es ist oft einfacher zu sagen, was etwas nicht ist, als umgekehrt. Mit der Debatte darüber soll hier niemand gelangweilt werden. Zusammengefasst: Seit dieser Begriff sich in den Jahren 2009/2010 etablierte, vertreten einige Journalisten die Meinung, Datenjournalismus sei im Wesentlichen eine Recherchemethode, die mittels Computern Datenmengen durchforstet. Die Veröffentlichungsform, also etwa eine Visualisierung der Daten des Rechercheergebnisses, spiele keine zentrale Rolle. Das Gegenargument ist, dass es bereits seit den 50er-Jahren des vergangenen Jahrhunderts Computer Assisted Reporting (CAR) gibt, also ein Begriff für die computergestützte Recherche bereits existiert.

In diesem Buch wird Datenjournalismus als Format verstanden, in dem einem Datensatz (oder mehreren) eine wesentliche Rolle zukommt. Sein Produkt wird in der Regel digital veröffentlicht. Der englische Begriff data-driven journalism (DDJ), datengetriebener Journalismus, beschreibt die Methode bzw. das Genre wohl treffender. Es ist ein Ansatz, der Softwarewerkzeuge und manchmal eigens programmierte Codes verwendet, um mit kleinen und größeren Datenmengen zu arbeiten. Der die gegenüber den anderen Mediengattungen einzigartigen Möglichkeiten des digitalen Mediums nutzt: Nämlich im Browser des Rechners interaktive Anwendungen zu

fahren („news apps"), die, gestützt durch Datenbanken, dynamisch Inhalte jenseits von Schrift und Bild darstellen können: interaktive Visualisierungen, die nicht-linear sind, also dem Nutzer erlauben, eigene Parameter zu definieren und eigene Schwerpunkte zu setzen.
Dabei ist die Visualisierung der Daten kein Selbstzweck, sondern sie wird in der Regel eingerahmt durch einen analytischen ausformulierten Bericht. Selbstredend kann Datenjournalismus auch rein textbasiert oder mit einer statischen Visualisierung in Print stattfinden.
Dabei sollten Datenvisualisierungen nicht mit Infografiken gleichgesetzt werden, die eben Grafiken enthalten: So besteht z. B. eine Aufbauanleitung für ein Ikea-Möbelstück aus mehreren Infografiken, während ein Balkendiagramm über die Absatzmengen von besagtem Möbelstück eine schlichte Datenvisualisierung wäre.
Auch in TV/Video oder gar Radio kann DDJ stattfinden (im Audiobereich ist manchmal die Rede von „Sonifikation"). Allerdings geht durch den linearen Charakter dieser drei Gattungen das Potenzial interaktiver Formate, die dynamisch auf Datenbanken zurückgreifen können, verloren.
Datenjournalismus wird auf den folgenden Seiten als Zweischritt gedacht: Zum einen die Datenarbeit, die sowohl daraus besteht, Datensätze zu finden oder zu erstellen. Die aber auch die „Säuberung" der Daten beinhaltet, welche möglicherweise noch angereichert, „veredelt" werden müssen, um überhaupt sinnvoll weiterverarbeitet werden zu können. Abschluss der Datenarbeit ist dann die Erkundung: Diese analytische Arbeit, die Auswertung der Datensätze, um Aussagekräftiges zu finden, wird auch "data mining" genannt.
Der zweite Schritt des Datenjournalismus ist dann der eigentliche Bericht, bei dem die verwendeten Daten mittels interaktiver Visualisierungen dazu beitragen, einen Sachverhalt zu schildern.
Simon Rogers, der 2009 das Datablog der britischen Tageszeitung Guardian startete und insgesamt das Genre prägte, fasst es so:

ZITAT

USING DATA TO TELL STORIES IN THE BEST POSSIBLE WAY, COMBINING THE BEST TECHNIQUES OF JOURNALISM: INCLUDING VISUALIZATIONS, CONCISE EXPLANATION AND THE LATEST TECHNOLOGY. IT SHOULD BE OPEN, ACCESSIBLE AND ENLIGHTENING.

SIMON ROGERS (DATENJOURNALIST, THE GUARDIAN)

A3 EINE KURZE GESCHICHTE

Als ein bedeutender Text für die Idee des Datenjournalismus gilt „A fundamental way newspaper sites need to change" des US-amerikanischen Journalisten und Programmierers Adrian Holovaty.
» qr.uvk.de/dj/01

2006 schrieb er darüber, dass (Lokal-)Zeitungen die täglich anfallenden Nachrichten in die Bestandteile der üblichen W-Fragen zerlegen. Und diese eben in einer Datenbank ablegen. Daraus, so Holovaty, ließen sich dann nach einiger Zeit Muster erkennen und Dienste entwickeln. Er selbst gründete später das nicht wirklich von Erfolg gekrönte Portal Everyblock, das auf Basis von frei zugänglichen Daten (Open Data) ein Nachbarschaftsportal bot.
2007 folgte der Text zweier Journalisten des Guardian: „Give us our crown jewels" – es ging um die Daten der öffentlichen Hand (Public Sector Information – PSI). Sie argumentierten, dass die durch Steuergelder finanzierten Datensätze der Verwaltungen in die Hände der Allgemeinheit gehören. Und zwar in offenen Formaten und freien Lizenzen, welche das uneingeschränkte (auch kommerzielle) Wiederverwenden erlauben. Um diese Zeit wurden die Schlagworte von Open Data und Open Government populär. 2009 machte Barack Obama Letzteres zu einem Bestandteil seiner Kampagne: die transparente Regierung. Der Guardian-Text zeigt, dass Datenjournalismus und Open Data zumindest miteinander verwandt sind. So war es eben auch der Guardian, der ein Datablog herausbrachte.
Wenig später, im Jahr 2010, veröffentlichte Wikileaks die Afghanistan-Tagebücher: ein großer Datensatz, der aus zehntausenden

Militärberichten der US-Armee bestand. Wikileaks wurde damit berühmt und berüchtigt. Und Medien wie der Guardian und die New York Times nutzten eindrucksvoll die Möglichkeiten der Datenanalyse und -visualisierungen, um die Inhalte der Militärdepeschen zu ergründen: Den Nutzern wurden nicht nur Erkenntnisse und Rechercheergebnisse präsentiert, sondern ihnen wurden interaktive Visualisierungen an die Hand gegeben. Mit denen konnte jeder sich selbst in den Datensatz graben und ihn erkunden.
Jetzt im Frühjahr 2016 gibt es weltweit diverse Datenjournalismus-Teams. Auch im deutschsprachigen Raum haben einige Medienhäuser DDJ-Abteilungen etabliert, etwa Spiegel Online, Zeit Online, der Bayerische Rundfunk und das Schweizer Radio und Fernsehen (SRF). In zahlreichen Ländern haben sich regelmäßige, eher informelle Treffen etabliert (z. B. Hacks/Hackers und in Deutschland regionale DDJ-Treffen), die durch ihre grundsätzliche Offenheit nicht zuletzt Anlaufpunkte für Einsteiger sind.
» **qr.uvk.de/dj/02**

Es gibt weltweit Konferenzen zum Thema, einen internationalen Datajournalism-Award und andere Preise, die die Gattung zumindest berücksichtigen. Die Gewinner und die Nominierungen des jährlich vergebenen Datajournalismus Awards vom Global Editors Network verschaffen einen guten Überblick über die Szene. Auch die Sammlungen der Arbeiten der NYT und des Guardians sind inspirierend. Für den deutschsprachigen Raum gibt es einen Datenjournalismuskatalog.
» **qr.uvk.de/dj/03**

Das Genre kann also als etabliert gelten. Und die Digitalisierung der Welt schreitet voran: Datengetriebener Journalismus dürfte damit stetig an Bedeutung gewinnen. Damit steigen auch die Berufsaussichten für Journalisten, die Praxiserfahrung und Qualifikationen im Datenjournalismus vorweisen können. Dieses Buch will dabei helfen, den Einstieg in das Genre zu schaffen.

B

GRUNDLAGEN DES DATEN-JOURNALISMUS

B1 WAS DATEN SIND

Es gibt so gut wie keine Informationen, die sich nicht zu Daten machen lassen. Selbst Musik, in Notenform gegossen, lässt sich als Datensatz verstehen: Noten beschreiben Tonhöhe und -länge – damit ließe sich z. B. untersuchen, ob verschiedene Komponisten einen unverwechselbaren Fingerabdruck hinterlassen, etwa durch ein immer ähnliches Verhältnis von tiefen und höhen Tönen sowie einer Durchschnittslänge usw.
Hingegen ist ein gedrucktes Buch mit seinen Seiten kein Datensatz. Aber es lässt sich durch Daten beschreiben. Das ist die Aufgabe von Bibliothekskatalogen, die früher in Karteikästen – den Vorläufern von Datenbanken – und heute digital die sogenannten Metadaten vorhalten: Autor, Titel, Erscheinungsjahr, Seitenanzahl usw.
Es ließe sich ein Schritt weitergehen: Man könnte für jede Seite deren jeweilige Zeichenanzahl erfassen. Daraus ließe sich dann etwa die Durchschnittszahl der Zeichen pro Seite ausrechnen. Es könnte auch gezählt werden, welche Buchstaben und Wörter wie oft verwendet wurden. Wie interessant diese Daten sind und welche Erkenntnis sich in ihnen verbirgt, ist eine andere Frage. Die wesentliche Frage nämlich – dazu im Kapitel B „Ist es erzählenswert?" mehr.
Datensätze begegnen uns im Alltag alle Nase lang. Nicht nur im politischen Diskurs über Themen wie Vorratsdatenspeicherung, sondern auch unmittelbar. So ist der Begriff „Daten" (data) ja nichts anderes als der Plural von „Datum" (date): Jeder Kalender ist im wahrsten Sinne des Wortes ein Datensatz, er begegnet uns meist in Tabellenform. Ein einzelnes Datum ist eine klar adressierbare Einheit: Ein eindeutiger Tag eben oder aber eine Zelle in einem Tabellenkalkulationsprogramm mit einer spezifischen Zeilen- und Spaltenbezeichnung. Aber auch die Quittung an der Kasse listet die Anzahl der gekauften Produkte und deren Preise sowie die Gesamtsumme usw. auf.

Das ist ein einfacher Datensatz. Nun stelle man sich aber vor, man hätte Zugang zu allen Kassenzetteln eines Supermarktes über ein Jahr hinweg. Oder hätte gar digital Zugriff zu allen Kassenzetteln einer Supermarktkette. Das wäre ein Datenfest: Etwa ließen sich lokale, regionale und jahreszeitabhängige Unterschiede im Einkaufsverhalten nachvollziehen.

Letztlich ist alles, was sich messen und zählen lässt, in Daten auszudrücken. Damit wird schon deutlich: Dem Einsatz von Methoden des Datenjournalismus sind wenig Grenzen gesetzt. Zumal der technische Fortschritt die Vermessung von allen möglichen Vorgängen durch immer günstigere Sensoren (Stichwort: Internet of Things) und immer fähigere Software fortschreitend vereinfacht.

Big Data

Redet man heutzutage über Daten, fällt unweigerlich das Stichwort „Big Data". Die einen halten es für reines Marketingsprech. Die anderen für einen Containerbegriff, der für das Phänomen der Digitalisierung und des permanenten Anhäufens großer Datenmengen steht. Eine wirklich anerkannte Definition für Big Data gibt es jedenfalls nicht. Sicher ist nur: Kaum ein Journalist wird je unmittelbar mit Big Data zu tun haben. Denn wenn überhaupt, dann geht es hier um Datenmengen mit Billionen oder mehr Datenpunkten. Also um eine Liga, in denen Firmen wie z. B. der Suchmaschinenbetreiber Google spielen.

2014 fragte ein Institut der Universität Berkeley 40 Personen aus verschiedenen Branchen über ihre Perspektive auf Big Data. Ihre Antworten vermitteln einen guten Eindruck über die Vielfalt davon, wie dieser Begriff in verschiedenen Branchen verwendet wird.

» qr.uvk.de/dj/04

B2 STRUKTUR

Der Großteil der Daten, die einem im Datenjournalismus begegnen, dürften Statistiken sein. Denn viele Datensätze, mit denen Journalisten zu tun haben, stammen aus offiziellen Quellen – und Behörden ohne Statistiken sind kaum denkbar. Doch auch wenn man selbst per Sensoren, Scrapern oder anderer Methoden Daten erhebt, sammelt man Informationen in Form quantitativer Daten: Reihen an Reihen von Informationen, die Werte enthalten. Ihnen wird sich dann mit statistischen Methoden genähert.

Im Zusammenhang mit Datenjournalismus geht es immer darum, Informationen zu strukturieren: Selbst wenn man Textanalysen betreibt, also versucht, den Gehalt von Geschriebenem automatisiert zu erfassen, wird letztlich ein Wert vergeben. So funktioniert etwa die sogenannte „Sentiment Analysis", die Stimmungs- oder Empfindungsanalyse. Mit ihr wird aus einer Menge von vielen tausenden Nachrichten der sozialen Medienplattform Twitter extrahiert, ob eine positive oder negative Meinung zu einem Thema, gekennzeichnet durch ein Hashtag oder ein anderes Schlüsselwort, vorherrscht. Die Interpretation, die durch algorithmisches Verfahren geschieht, liefert am Ende einen oder mehrere Werte, aus denen dann das Stimmungsbild errechnet wird.

An solchen Verfahren, an Algorithmen, die aus unstrukturierten Informationen wie Texten, Bildern, Videos und Tönen gehaltvolle Informationen ziehen, wird intensiv geforscht und gearbeitet. Denn es handelt sich hierbei um ein Riesengeschäft. Bester Beleg dafür ist Google, das es mit seinem Suchalgorithmus zu einem der wertvollsten Unternehmen der Welt gebracht hat.

AI

Bei all dem handelt es sich um den Bereich, der als künstliche Intelligenz (Artificial Intelligence, AI), Deep Learning usw. bezeichnet wird. Hier sind enorme Fortschritte erzielt worden. Die nächsten Jahre und Jahrzehnte dürfte das den anhaltenden Technologieschub im Digitalen prägen. Es geht dabei nicht nur um die Automatisierung in der unmittelbar physischen Welt, etwa hinsichtlich selbstfahrender Autos. Es geht um viele Bereiche der Arbeitswelt, die bislang von kognitiven und intellektuellen Fähigkeiten des Menschen abhängig waren und sich nicht automatisieren ließen. Software, die zumindest in manchen Bereichen eine gewisse Intelligenz an den Tag legen kann, wird auch im Journalismus autark Aufgaben übernehmen, in einem gewissen Grad Assistenz leisten oder auch eigenständig Beiträge verfassen.

Linked Data

Strukturierte Daten sind unabdingbar für Maschinenlesbarkeit. Das Konzept von „linked data" dreht das eine Stufe weiter: Maschinen sollen Daten aus verschiedenen Quellen miteinander verknüpfen können, um Kontext herzustellen. Es ist dabei auch die Rede vom „semantischen Web". Kurz gesagt, Computerprogramme sollen in der Lage sein, Bedeutung zu erfassen, Informationen eigenständig in einen Kontext setzen zu können. Also zu „wissen", dass eine Tanne ein Baum ist, der Zweige, Nadeln hat und mit Wald zu tun hat. (In dem Zusammenhang taucht meist die Abkürzung RDF auf: Resource Description Framework.)

Ein Einstieg in das Thema bietet das Projekt Wikidata – es wird von der Wikimedia Stiftung entwickelt, zu der auch die Wikipedia gehört. Wikidata ermöglicht, über verschiedene Sprachen und verschiedene Dienste von Wikimedia (neben Wikipedia z. B. die Inhalte des freien Reiseportals Wikivoyage) Daten zu synchronisieren:

z. B. Schreibweisen von Städtenamen in verschiedenen Sprachen oder die Auflistung von Einwohnerzahlen. Ausprobieren lässt sich das unter query.wikidata.org: dort „Examples" auswählen und dann auf „Execute" klicken. Bei Angaben mit Ortsinformationen lässt sich mittig rechts unter „Display" auch eine Kartenansicht auswählen.
» qr.uvk.de/dj/05

Für den Datenjournalismus bedeuten Entwicklungen wie „AI" und „linked data", dass zukünftig die Recherche einfacher werden kann, weil Informationen aus großen Textmengen oder durch Bild- und Tonerkennung aus Audio- und Videoaufnahmen gezogen werden können. Und dabei automatisiert sinnvoll kategorisiert und eingeordnet werden. Wie gesagt, am Ende geht es immer um strukturierte Informationen; also um Datenpunkte, die in Tabellen und Datenbanken abgelegt werden, um dann mit verschiedenen Methoden ausgewertet und weiterverwendet zu werden.

B3 GEODATEN

Ein Sonderfall, ein bedeutender allerdings, sind Geodaten. Ein großer Teil aller Informationen hat einen Bezug zur physischen Welt, hat einen Ort – direkt oder zumindest mittelbar. Geodaten spielen im Datenjournalismus folglich eine große Rolle: Denn Datensätze beziehen sich meist auf Einheiten wie Länder, Verwaltungsgebiete oder Straßen mit Hausnummern. So ist es nicht verwunderlich, dass Landkarten immer wieder im Zusammenhang mit DDJ auftauchen. Dabei kann nicht oft genug gesagt werden: Nur weil Daten einen Raumbezug haben, müssen sie nicht kartiert werden. So ist es nicht selten zu sehen, dass Karten als Grundlage für Datenvisualisierungen genutzt werden, die letztlich nicht anderes zeigen, als eine Variation der Bevölkerungsverteilung eines Landes – also verhältnismäßig triviale Information.

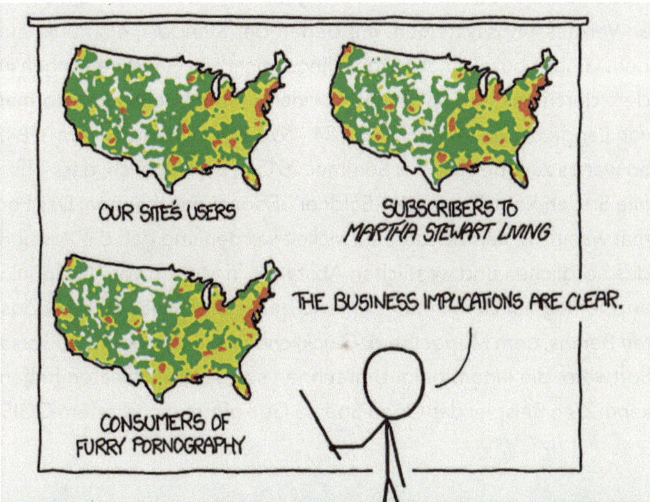

Abb. 1: Variationen der Bevölkerungsverteilung

Eins muss man sich jedenfalls klarmachen: Karten selbst sind schon Visualisierungen – sie sind die Darstellung von Geodaten. Es sind Abstraktionen der Wirklichkeit. Sie leiden an der Problematik der Projektion. Die Oberfläche einer Kugel, also der Erde mit ihren abgeflachten Polen, auf einer 2D-Ebene wiederzugeben, ist eine Wissenschaft für sich. Es gibt zahlreiche Projektionsverfahren, die alle ihre Vor- und Nachteile haben. Das Mercartor-Projektion, die oft eingesetzt wird und vielen vertraut ist (nicht zuletzt weil Google Maps und die meisten anderen gängigen Onlinekarten es verwenden), hält die Längengrade parallel zueinander. Zwangsläufig muss es also, je weiter man sich vom Äquator zu den Polen bewegt (die Längengrade laufen ja eigentlich auf einander zu) zu Verzerrungen kommen: So sieht Grönland fast so groß aus wie der afrikanische Kontinent, obwohl es eigentlich nur rund ein Vierzehntel von dessen Fläche hat.
» **qr.uvk.de/dj/06**

Neben dem Strauß an Projektionssystemen gibt es auch ein Babel an Vermessungssystemen, mit denen der Standort, ein Punkt auf dem Globus bezeichnet wurde. Längst nicht alle Geodaten liegen in dem durch das GPS (Global Positionen System) bekannten Format von Länge und Breite vor (WGS 84 – World Geodetic System 1984). So war es zum Beispiel bis Sommer 2015 in Berlin üblich, dass offizielle Stellen Koordinaten im „Soldner"-Format beschrieben: Das Format war im 19. Jahrhundert entwickelt worden und gab die Position des nördlichen und westlichen Abstands in Metern vom Nullpunkt an. Der lag auf dem in der Gegend höchsten Erhebung im Südosten Berlins, dem Müggelberg. Glücklicherweise gibt es aber diverse Software, die einem beim Umrechnen solcher Koordinaten helfen kann. Zum Beispiel das Open Source Geoinformationssystem QGIS.
» **qr.uvk.de/dj/07**

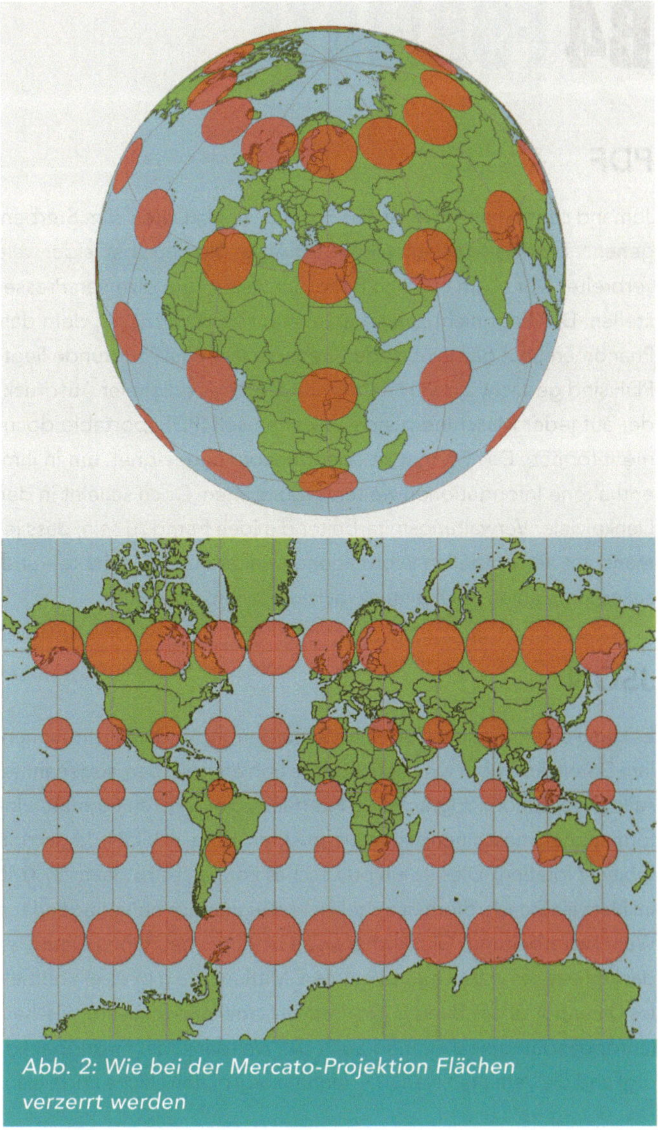

Abb. 2: Wie bei der Mercato-Projektion Flächen verzerrt werden

B4 FORMATE

PDF

Jemand sagte mal: „PDF ist das Format, wohin Daten zum Sterben gehen." Tatsächlich bereiten PDFs oft Ärger. Sie sind aber leider weit verbreitet, vor allem auch im Behördenwesen und diversen Pressestellen. Das liegt nicht zuletzt an einem Missverständnis, dem das Phänomen „gut gemeint ist das Gegenteil von gut" zugrunde liegt. PDF sind gedacht zur Veröffentlichung, eine Art digitaler Ausdruck, der auf jeder Maschine gleich aussehen soll (PDF: portable document format). Das Format ist aber denkbar ungeeignet, um in ihm enthaltene Informationen weiterzuverarbeiten. Doch scheint in der Denke vieler Verwaltungsmitarbeiter die Idee fremd zu sein, dass jemand mit den offiziellen Informationen weiterarbeiten möchte – und sei es, um Zahlen noch einmal nachzurechnen.

JSON

Es käme einem Traum nahe, wenn Behörden und andere Institutionen ihre Datensätze über eine Schnittstelle anbieten würden: sogenannte APIs (Application Programming Interface), die in klaren Formaten Informationen maschinenlesbar ausspuckten, etwa in JSON (Javascript Object Notation). Dies ist ein praktisches Format, es hat faktisch XML im Netz als Standardformat abgelöst und eignet sich hervorragend zur Weiterverarbeitung. Glücklicherweise ist durch den Open Data-Gedanken einiges in Bewegung geraten. Mittlerweile gibt es ein offizielles Datenportal des Bundes (govdata.de), aber auch ein europäisches (europeandataportal.eu) und auch die Weltbank (data.worldbankd.org) und die Vereinten Nationen (undata.org) bieten solche Portale an.
» qr.uvk.de/dj/08

Komplementär zu JSON hat sich für Geodaten das entsprechende GeoJSON-Format etabliert. In dem Bereich ist auch das Shapefileformat (shp) weit verbreitet, das eben zur Beschreibung von Formen wie Ländergrenzen etc. eingesetzt wird. Nicht selten trifft man in diesem Bereich aber auch noch WMS/WMF-Formate an, mit denen eher ältere Geoinformationssysteme arbeiten und im behördlichen Rahmen weiter Einsatz finden.

CSV

Sehr praktisch, weil schnörkellos sind die CSV (comma separated values), die Komma-separierten Listen. Es handelt sich um ein kompaktes Format, das Menschen auch gut lesen können. Alternativ zum Komma bietet sich das Tab (tsv) oder Semikolon an. Letztere beiden sind, speichert man selbst Daten als CSV ab, im Deutschen zu empfehlen. Denn hierzulande werden zum Beispiel Centbeträge bei Geldsummen mit dem Komma als Trennzeichen dargestellt. Das führt immer wieder zu Problemen bei Datensätzen, die man nicht selbst erstellt hat. Um dies zu verhindert, bietet sich der Trick an, wenn möglich, in den Sprachenstellungen des eingesetzten Tabellenkalkulationsprogramms Deutsch für die Schweiz zu wählen. Denn in dem Alpenland wird wie im Angelsächsischen der Punkt zur Abtrennung von Centbeträge etc. genutzt.

XLS

Nicht zuletzt sind die Dateiformate von Excel zu erwähnen: xls/.xlsx. Sie sind nicht so universell wie das CSV-Format; es kann dafür aber auch noch Formeln und Berechnungen sowie mehrere Tabellen (sheets) enthalten. Wermutstropfen ist, dass es kein freies Format ist, sondern ein proprietäres – sprich Microsoft hält die Rechte daran. Dazu gibt es zahlreiche verschiedene Versionen von Excel, so dass es zu Kompatibilitätsproblemen kommen kann.

Nachfragen

Jedenfalls ist zu raten, bei Pressestellen und ähnlichen Einrichtungen erst einmal nachzufragen, ob statt der Tabelle im PDF-Format auch eine Excel-Datei oder gar CSV zu erhalten wäre. Im Übrigen sind die Statistischen Ämter in der Regel hilfsbereit. Dafür lohnt sich immer wieder der Griff zu einem der wichtigsten Rechercheinstrumente überhaupt, das dem Journalisten zur Verfügung steht: dem Telefon.

B5 SCHÖNHEIT VON STATISTIK

Ein Kinostreifen über Statistik klingt nicht besonders aufregend. Und dennoch ist die Verfilmung des Buchs „Moneyball" eine unterhaltsame Möglichkeit, in das Thema Datenanalyse einzusteigen: Er handelt davon, wie ein Baseball-Coach Anfang der 2000er anhand von Daten ein Team aus teils nicht gefragten Spielern zusammenstellt und damit erstaunliche Erfolg erzielt. Es ist eine wahre Geschichte; sie fußt auf einem Verfahren, Sabermetrics genannt (SABR – Society for American Baseball Research), das eine gewisse Tradition in den USA hat.
» qr.uvk.de/dj/09

Überhaupt ist Datenauswertung und -analyse weitverbreitet: Selbstredend wird sie in der Wirtschaft eingesetzt; in Wissenschaft und Forschung ist sie beheimatet. Und im Journalismus finden alle naslang Daten Erwähnung: Man denke nur an Wirtschaftskennzahlen und Arbeitslosenquote. Doch die Analyse selbst spielt eigentlich nur in Nischen eine Rolle. Zwar gibt es Computer-assisted.reporting (CAR) schon seit den 50er-Jahren des vergangenen Jahrhunderts, aber diese Form des investigativen Journalismus war und ist alles andere als weitverbreitet: Wer setzt schon Methoden der empirischen Sozialforschung in seinem journalistischen Alltag ein? Mehr zur Geschichte von CAR findet sich in dem Beitrag „Data Journalism in Perspective" im Data Journalism Handbook (2011).
» qr.uvk.de/dj/10

Datenjournalismus hat der Bedeutung von „data science" oder schlicht Statistik in der journalistischen Welt zu mehr Aufmerksamkeit

verholfen. Gemeint ist damit eben nicht, Statistiken, die Pressestellen etc. verbreiten, einfach wiederzugeben. Sondern diese Daten zu „befragen": sie zu prüfen und Berechnungen mit ihnen anzustellen, sie auf Muster oder Auffälligkeiten abzuklopfen.
Begriffsgeschichtlich stammt Statistik vom Wort „statisticum" (den Staat betreffend) ab, welches wiederum auf das lateinische „status" zurückgeht – Statistik beschreibt eben einen Zustand. Fällt im Alltag das Wort „Statistik", kann man jede Wette darauf abgeben, dass bald jemand folgenden Spruch hervorholt: „Ich traue keiner Statistik, die ich nicht selber gefälscht habe" (er wird oft dem britischen Politiker Winston Churchill zugeschrieben, wofür es aber keinen Beleg gibt). Diese abgedroschene Weisheit ist Polemik. Der Gedanke des Bundesrichters und Kolumnisten der Wochenzeitung ZEIT, Thomas Fischer, ist da bedenkenswerter. Er macht sich Anfang 2016 im entsprechenden Beitrag Gedanken über die Statistiken zur Kriminalität von Ausländern: Tatsächlich ist jede Statistik eine zu beantwortende Frage, eine intellektuelle Herausforderung, eine Behauptung. Sie kann richtig sein oder falsch, erhellend oder sinnlos.
» qr.uvk.de/dj/11

Diese Sicht Fischers ist hilfreicher als Statistiken generell zu unterstellen, gefälscht oder manipuliert zu sein. Denn sie macht deutlich, dass jede Statistik auf einen Autor zurückgeht und aufgrund eines bestimmten Anlasses erstellt wurde. Als Journalist sollte man ihr durchaus – wie gegenüber jeder Quelle – ein gewisses Maß an Skepsis entgegenbringen. Und sich die Frage stellen, wie die Statistik zustande kam und wer möglicherweise Interessen haben könnte, dass sie in dieser und keiner anderen Form veröffentlicht wird.
Statistiken wohnt eine gewisse Schönheit inne. Dass mag etwas pathetisch klingen, doch dürfte das einer der Gründe sein, warum sich Datenjournalismus in den letzten Jahren als Genre etablieren konnte: Denn Visualisierungen, die mittels Datensätze entstehen, können eine Ästhetik entfalten, die nicht zuletzt in Social Media auf einige

ZITAT

TATSÄCHLICH IST JEDE STATISTIK EINE ZU BEANTWORTENDE FRAGE, EINE INTELLEKTUELLE HERAUSFORDERUNG, EINE BEHAUPTUNG. SIE KANN RICHTIG SEIN ODER FALSCH, ERHELLEND ODER SINNLOS.

THOMAS RICHTER
(BUNDESRICHTER UND KOLUMNIST DER „ZEIT")

Resonanz stößt (viraler Effekt). Sie können mit ihrer Klarheit und Präzision Muster bzw. Ausnahmen von Mustern zeigen, die dem Auge schmeicheln und gleichzeitig direkt an die kognitiven Fähigkeiten der menschlichen Wahrnehmung andocken. So gelingt es, neue Perspektiven zu vermitteln und Sachverhalte zu schildern, was in Worten ausgedrückt deutlich mehr Zeit benötigen würde, um die gleiche Informationsmenge zu vermitteln.
Datenvisualisierung können durchaus rein künstlerischen Charakter annehmen, sich aber auch fließend als Mischformen oder reines Informationsstück präsentieren. Die Gefahr ist, dass man sich in der Schönheit verliert. Und der Anlass, warum die Daten überhaupt

visualisiert wurden, welche Aussagen transportiert werden sollen, ins Hintertreffen gerät. Das führt dann zu Darstellungen, die als „Eye Candy" oder „data/visualization porn" bezeichnet werden. Der US-amerikanische Hochschullehrer Alberto Cairo hat über diesen Aspekt, d.h. die Spannung zwischen Ästhetik und Information, ein Standardwerk verfasst: „The Functional Art" (das Frühjahr 2016 erschienene Nachfolgewerk trägt den Titel „The Truthful Art").
Vielleicht macht es in diesem Zusammenhang Sinn, den deutschen Begriff „Kunsthandwerk" zu bemühen: Die Verbindung von Nutzwert mit Schönheit und Stil. Wie und ob das möglich ist, darüber wird seit Jahrhunderten gestritten.

B6 JOURNALIST, PROGRAMMIERER UND DESIGNER

Muss ein Journalist, der sich Daten widmet, Programmieren lernen? Die Frage wird oft gestellt. Hier wird sie mit einem Nein beantwortet. In der Regel ist Datenjournalismus Teamarbeit – Arbeitsteilung und Spezialisierung ist vonnöten. Ein Rennfahrer muss auch nicht Motoren reparieren können. Er sollte aber verstehen, wie der Motor funktioniert. Nicht zuletzt, um auftretende Probleme genau beschreiben zu können und so die richtige Hilfe zu erhalten.
Allerdings haben Programmierer und Journalisten einiges gemein. Beide Jobs bestehen in der Regel aus ziemlich viel Schreibarbeit: „Um zu programmieren, muss man sehr gut darin werden, Probleme in grundlegendste Schritte zu zerlegen und sie für die idiotische Kiste auszubuchstabieren" So beschrieb es Stephen Nichols, der Geschäftsführer einer Firma, die einen Computerspieleditor anbietet.
» qr.uvk.de/dj/12

Die Fähigkeiten zu beherrschen, um zugleich ein guter Programmierer und ein guter Journalist zu sein, dürften den wenigstens beschieden sein. Doch jemand, der keine oder wenig Affinität zum Digitalen, zur Mathematik, speziell Statistik aufweist, sollte die Finger von Datenjournalismus lassen. Ohne passable Englischkenntnisse, zumindest fürs Lesen, dürfte man es auch schwer haben, weil viele der Softwarewerkzeuge, aber auch Tutorials etc. oft nur in englischer Sprache vorliegen. Auch sollte die eigene Frustrationsschwelle nicht zu niedrig liegen: Datenjournalismus hat einiges mit Trial and Error zu tun – die Wahrscheinlichkeit, dass etwas nicht sofort klappt, ist hoch. Selbstredend kann es nicht schaden, programmieren zu können. Doch muss man sich verdeutlichen: Bevor man eine Programmiersprache virtuos beherrscht, dürften Monate, wenn nicht Jahre vergehen. Tatsächlich ist es so, dass bei längerer Auseinandersetzung mit dem Thema Daten in einem gewissen Grad zumindest rudimentär etwas programmiert wird. Seien es Formeln in Excel anzuwenden, Daten mithilfe von RegEx zu säubern oder in R statistische Operationen durchzuführen. De facto sind aber auch Softwaretools, die Datenoperationen mit einer graphischen Benutzeroberfläche (GUI – graphical user interface) ermöglichen, eine Form des Programmierens. Nicht im klassischen Sinne – und ein „echter" Programmierer rümpft darüber wahrscheinlich die Nase –, aber es werden einem Computer Befehle erteilt, die er dann entsprechend ausführt, um Ergebnisse zu liefern. Mehr dazu im folgenden Kapitel.

Software

Datenjournalistische Stücke erscheinen meist im World Wide Web und sind im Internetbrowser zu betrachten. Insofern sollte man sich klarmachen: Je nach Umfang des datenjournalistischen Projekts entwickelt man mehr oder minder Software. Also ein Computerprogramm, das bestimmte Instruktionen ausführt und ggf. auf Eingaben des Users reagiert.

Webtechnologien entwickeln sich permanent weiter – was HTML und CSS ist, sollte man wissen. Zudem kommen immer wieder neue Geräte auf den Markt, die bespielt werden wollen. Auch ändert sich das Nutzerverhalten fortlaufend. Es ist unerlässlich, sich wenigstens ab und zu damit zu befassen, welche technologischen Entwicklungen, welche Trends sich abzeichnen: Nur so kann man sicher sein, zum einen für die Veröffentlichung alles richtig einzuplanen, seine Werke halbwegs zukunftssicher zu veröffentlichten – aber auch

alle Möglichkeiten ausschöpfen zu können, um die eigene zentrale Aussage gut auf den Punkt zu bringen.
Genauso wenig kann es schaden, sich mit Design auseinanderzusetzen: Welche Visualisierungsformen gibt es, was muss ich hinsichtlich von Nutzerführung (User Interface) und Nutzungserlebnis (User Experience) berücksichtigen? Wieviel diese Fragen auch mit Journalismus zu tun haben, wird in Kapitel C unter der Überschrift „Rhetorik im Design" besprochen.
Wie gesagt, niemand kann alles gleich gut können. Je nach Ressourcen sollten für die verschiedenen Aufgabenbereiche Spezialisten hinzugezogen werden. Wenn das nicht oder nur begrenzt möglich ist, sollte man sich zumindest darüber klar sein, was nicht leistbar ist: Neben Fragen der Recherche und journalistischen Herangehensweise sind beim Datenjournalismus eben auch Technik- und Designaspekte zu berücksichtigen. Hilfreich ist dabei zu betrachten, wie andere ähnliche Probleme gelöst haben. Sich von Werken anderer inspirieren zu lassen ist völlig legitim. Es gehört zum guten Ton, seine Inspirationsquelle dann auch deutlich zu erwähnen.

C

METHODIK

C1 HILFE ZUR SELBSTHILFE

Im Folgenden geht es um Praxis. Es würde den Umfang dieses als Einführung gedachten Buches sprengen, jede erwähnte Methode, jedes Werkzeug und jede Technologie ausführlich zu erläutern. Doch werden immer weiterführende Links angeboten (oft in englischer Sprache) etwa zu Tutorials, die Leute geschrieben haben und sich in dem jeweiligen Aspekt besser auskennen als der Autor. Wie gesagt, die Links finden sich gesammelt unter
» **www.datenjournalist.de/buch**

Nahezu jede Frage, die im Kontext von Datenarbeit und -journalismus sowie Programmieren aufkommen könnte, dürfte im Netz bereits jemand gestellt haben. Und in der Regel dürften darauf auch gute Antworten gegeben worden sein – Hilfsbereitschaft ist eine der großartigen Eigenschaften des Netzes, die die Grundlage der Open Source-Community bildet und glücklicherweise auch in datenjournalistischen Kreisen verbreitet ist. Es geht dabei immer auch um Hilfe zur Selbsthilfe. Also bitte nicht den Griff zur Suchmaschine scheuen.

Fallbeispiel Datensichtung

Der Grünen-Politiker Malte Spitz hatte im August 2009 die Herausgabe seiner Vorratsdaten eingeklagt. Nach Einigem Hin und Her übergab ihm die Telekom sechs Monate seiner Vorratsdaten und zwar für den Zeitraum August 2009 bis Februar 2010 (zwischenzeitlich ist die Vorratsdatenspeicherung (VDS) vom Bundesverfassungsgericht gestoppt worden). Den Datensatz übergab Spitz dann der

Abb. 3: Eine Heatmap zeigt sechs Monate der Verbindungen eines Smartphones

ZEIT Online-Redaktion. Die wandte sich an den Autor, der mit einem Kollegen und der ZEIT Online-Redaktion eine interaktive Grafik zur Vorratsdatenspeicherung umsetzte.
In besagtem Datensatz sind keine Telefonnummern der Anrufer und Angerufenen enthalten – das war Teil der Abmachung von Spitz mit der Telekom. Bei einer „echten" VDS wären diese Daten enthalten. Überhaupt geht es bei der VDS nur um Metadaten, wie Verbindungsart und -dauer – Inhalte werden nicht gespeichert. Der Datensatz findet sich im Netz.
» qr.uvk.de/dj/13

Bei der Recherche und Konzeption der Anwendung drehten und wendeten wir die Daten. Wir mussten erst einmal die Bedeutung von Fachtermini wie IMSI und CFNR herausfinden. Und verstehen, was genau die Geopositionen, die in den Vorratsdaten für jede Verbindung angeben wird, bedeutet: Es sind Angaben zu dem Standort des Funkmastes, mit dem Malte Spitz jeweils verbunden war.
Allerdings wurde im Original-Datensatz der Telekom ein spezielles Koordinatensystem benutzt. Beim testweisen Kartieren eines

Ausschnitts der Daten fanden sich die meisten Einträge im Schwarzwald wieder. Angesichts der Tatsache, dass Spitz in Berlin wohnte, wirkte das wenig plausibel. Nach einigem Ausprobieren und Recherchieren war klar, wie die Geokoordinaten umzurechnen waren.
Ein weiteres Detail im Datensatz musste nachvollzogen werden: Jeder Funkmast für Mobiltelefonie hat drei Antennen, die jeweils etwa eine Region von 120 Grad abdecken: Gespeichert wird, in welcher Himmelsrichtung zum Mast sich das Handy befindet, wenn es Verbindung aufnimmt, nicht aber seine Entfernung zur Antenne. Somit ergeben sich ungefähre Standorte. Je dichter die Funkzellen in einer Region sind und das Mobiltelefon womöglich gleichzeitig orten, desto genauer ist er. Der Atlas der Mobilfunkantennen, den die Bundesnetzagentur anbietet, zeigt, dass in Städten die Antennen dicht an dicht stehen, nur wenige hundert Meter entfernt. In ländlichen Gegenden dagegen deckt jede Antenne viele Quadratkilometer ab.
Die Touren von Malte Spitz gingen oft hin und her zwischen Berlin und Nordrhein-Westfalen. Anhand der Vorratsdaten ließ sich für viele der 260.640 Minuten in den 181 Tagen, die der Datensatz abbildet, der Aufenthaltsort von Malte Spitz errechnen. So testeten wir mit einer sogenanntem Heatmap, wie häufig er an einem Ort war. Es war auch möglich, die Geschwindigkeit zu errechnen, mit der Spitz sich bewegte. 700 Kilometer pro Stunde müssen ein Flugzeug sein; 300 Stundenkilometer mit großer Wahrscheinlichkeit ein ICE.
Der Umstand, dass Spitz sein Mobiltelefon zu mehr als 80 Prozent der Zeit angeschaltet hatte, machte es einfach, einiges über ihn zu erfahren. Im Minutentakt loggte sich das Gerät bei Funkmasten ein, um via GPRS (General Packet Radio Service) E-Mails abzurufen oder Netzwerke wie Twitter zu checken. Dadurch bestand permanent Kontakt zu einem Funkmast. Zwei Drittel aller Verbindungen Spitz' in dem halben Jahr kamen so zustande.
Aber es lässt sich auch nachvollziehen, wie lange Telefonate im Durchschnitt dauerten (102 Sekunden) und ob Malte Spitz überhaupt

ans Telefon ging (in der Hälfte der Fälle war er nicht erreichbar). Wäre noch bekannt gewesen, mit wem er telefonierte, ließen sich anhand von Faktoren wie Länge und Häufigkeit der Annahme des Gesprächs professionelle und persönliche Netzwerke identifizieren.
» qr.uvk.de/dj/14

C2 DATENARBEIT

Daten machen viel Arbeit. Als Faustregel sollte man damit rechnen, dass mindestens die Hälfte (eher zwei Drittel) des Aufwandes eines datenjournalistischen Werks in die Datenarbeit fließt: Beschaffung, Sichtung, Erschließung und Säuberung stehen an. Daran schließt sich dann erst die tatsächliche Analyse (data mining) an – ggf. kommt noch Veredelung dazu.

Es gibt zwei unterschiedliche Einstiege: Entweder ist der Datensatz oder die Datensätze schon vorhanden. Oder aber die Daten müssen erst gesammelt bzw. erhoben werden, um überhaupt eine Quelle zu haben. Für den ersten Fall fand sich bereits ein Beispiel: Es schildert, wie sich der Autor zusammen mit Kollegen einen Datensatz von Telefonverbindungen erschloss, den ein Politiker von seinem Mobilfunktelefon erhalten hatte („Vorratsdaten").

Der große Vorteil daran, eigene Datensätze zu erstellen (oder mit Hilfe von „Crowdsourcing" zusammenzutragen), liegt darin, dass man

ZITAT

> RECHERCHE IST UNVERZICHTBARES INSTRUMENT JOURNALISTISCHER SORGFALT. ZUR VERÖFFENTLICHUNG BESTIMMTE INFORMATIONEN IN WORT, BILD UND GRAFIK SIND MIT DER NACH DEN UMSTÄNDEN GEBOTENEN SORGFALT AUF IHREN WAHRHEITSGEHALT ZU PRÜFEN UND WAHRHEITSGETREU WIEDERZUGEBEN.
>
> PRESSEKODEX, ZIFFER 2

komplett kontrollieren kann, wie er aufgebaut und gestaltet ist. Das macht die Berücksichtigung einiger der Aspekte, die im Folgenden aufgezeigt werden, quasi überflüssig. Obwohl der eigene Datensatz selbstredend auch Qualitätskriterien standhalten sollte.

Quellenkritik

Datenjournalismus ist erster Line Journalismus. Das heißt, hier gelten die gleichen Regeln wie überall im Journalismus – in Ziffer 2 im Pressekodex des deutschen Presseamtes heißt es unter der Überschrift „Sorgfalt“: Recherche ist unverzichtbares Instrument journalistischer Sorgfalt. Zur Veröffentlichung bestimmte Informationen in Wort, Bild und Grafik sind mit der nach den Umständen gebotenen Sorgfalt auf ihren Wahrheitsgehalt zu prüfen und wahrheitsgetreu wiederzugeben.

Hinsichtlich Daten kann man es mit der Sorgfalt nicht ernst genug nehmen. Es liegt in der Natur des Datenjournalismus, dass man sich Computern bedient, um Recherche zu betreiben. Die Maschine kann das nur so gut leisten wie der Mensch, der vor ihm sitzt, ihn steuert. Und große Datensätze sind eben unüberschaubar: Sie können schlicht Fehler enthalten oder eben mehr oder minder subtil manipuliert worden sein.

Sprich: Erhält man einen Datensatz oder lädt man einen aus dem Netz herunter, ist man angeraten, sich erstmal mit der Genese, mit der Entstehungsgeschichte dieser Daten auseinanderzusetzen: Wer hat die Daten wann wie erhoben? Welcher Methode wurde sich bedient, wenn es sich um Informationen handelt, die aus Stichproben oder Ähnlichem errechnet (interpoliert) wurden? Wie sah das Design des Fragebogens aus, dem Umfrageergebnisse zugrunde liegen?

Daten von Pressestellen sollte man sicherlich eher misstrauen als etwa denen von Statistischen Ämtern. Doch zeigt der Streit um das methodische Vorgehen im Nachgang der jüngsten „Volkszählung“ (2011), dass auch beim Statistischen Bundesamt zumindest diskussionswürdig agiert wird: Konkret ging es darum, wie hoch der statistische Abweichungsfehler bei der Einwohnerzahl kleinerer Gemeinden sein durfte – laut gesetzlicher Vorgabe sollte der eigentlich nicht höher liegen als bei 0,5 Prozent. Eine Recherche von Spiegel

Online zeigte allerdings, dass bei den hochgerechneten Einwohnerzahlen Fehler von über 1,2 Prozent hingenommen wurden.
» qr.uvk.de/dj/15

Eine andere wesentliche Frage, die sich generell bei Statistiken (und anderen Quellen) stellt: Was steht nicht in ihnen drin? Was fehlt, warum wurden zumindest scheinbar naheliegende Aspekte ausgelassen? Warum beginnt eine Statistik erst mit diesem bestimmten Jahr? Es lohnt sich die Mühe zu machen, den manchmal doch sehr umfangreichen Fußnotenapparat unterhalb von Statistiken sorgfältig zu studieren.
Wenn man etwa Zahlen zum Opiumanbau in Afghanistan liest, wird man in den ausführlichen Reports einen großen Abschnitt zur Methode finden, wie diese Zahlen zustande kommen. Es handelt sich mehr oder minder um bessere Schätzungen, die mögliche Abweichung der genannten Mengen weist eine hohe Spannbreite auf. Das ist ja auch nur zu plausibel: Wie sollen staatliche und internationale Behörden in einem weitflächig unwegsamen und hauptsächlich bergigen Land, dessen Staatsgebiet in Teilen von Aufständischen kontrolliert wird, zutreffende Erhebungen machen können?
Letztendlich muss man mit gutem Gewissen sagen können, dass ein Datensatz als glaubwürdige journalistische Quelle dienen kann. Weist er Leerstellen oder Ungenauigkeiten auf, sollte man die nicht verschleiern oder „wegrechnen", sondern offen darlegen, warum man es trotzdem für legitim hält, diese Daten zu verwenden.

Datenbeschaffung

Oft genug sind die Daten, die man benötigt, nicht eben zum Download verfügbar. Alles, was nicht in maschinenlesbaren Formaten wie CSV, XLS, XML oder JSON vorliegt, sollte aber in diese Form gebracht werden, um es analysieren zu können.

Zur Erinnerung:
Alle Links werden unter **www.datenjournalist.de/buch** aufgelistet.

OCR & PDF

Tabellen auf Papier lassen sich einscannen. Das Problem: Danach liegen die Tabellen als Bilddatei vor. Um Buchstaben und Ziffern zu erkennen, muss dafür eine Schrifterkennungssoftware eingesetzt werden (OCR – optical character recoginition). Klassische OCR-Programme erkennen allerdings nicht Tabellenstrukturen. Der Softwareanbieter Abbyy hat ein Produkt namens „FineReader" im Angebot: Kostenfrei kann man online zehn Seiten auf diese Weise einlesen und mehr gegen Bezahlung (die Version von FineReader zur Installation auf dem eigenen Rechner kostet zwischen 100 und 130 Euro.
» **qr.uvk.de/dj/16**

Liegen Tabellen in PDF-Dateien vor, also digital, kann die Open Source-Software Tabula gute Dienste leisen. Sie extrahiert Tabellen und wandelt sie in das CSV-Format um (siehe Kapitel D.3 „Tools")

API

Die eleganteste Art, um an Daten zu gelangen, bieten Schnittstellen (API – application programming interface). Sie erlauben, spezifische Anfragen zu stellen. So hat z. B. die Deutsche Bahn Anfang 2016 ihren Fahrplan als Open Data über eine API veröffentlicht. Die erlaubt z. B. die nächsten zehn Abfahrten am heutigen Tag um 16 Uhr aufgelistet zu bekommen.
» **qr.uvk.de/dj/17**

APIs arbeiten im Hintergrund von nahezu jeder Software. Sie stellen oft auch die Verbindung zwischen Datenbanken und dem Frontend her, über die der gemeine User mit dem Inhalt interagiert. Folglich werden in datenjournalistischen Stücken APIs meist von Programmierern „befragt", weil dafür oft einige Zeilen Code geschrieben werden müssen.

Um in der Recherche eigenständig APIs abfragen zu können, helfen Erweiterungen/Add-ons für Browser, in denen über eine graphische Benutzeroberfläche die Parameter eingegeben werden können (z. B. für die Browser Firefox und Chrome: RESTeasy).
Um sich schnell eine Idee zu verschaffen, wie APIs funktionieren, empfiehl es sich, das Werkzeug „Overpass turbo" auszuprobieren. Es liefert Daten aus der freien OpenStreetMap, etwa alle dort verzeichneten Krankenhäuser einer Stadt.
» qr.uvk.de/dj/18

Open Data
Es empfiehlt sich, regelmäßig einen Blick auf die bereits erwähnten Open Data-Kataloge zu werfen: Ab und zu dürften sich dort in den Datenmengen Perlen finden lassen. Und stetig nimmt die Anzahl von Open Data-Katalogen zu. Offene Daten meint, dass diese frei, ob kommerziell oder nicht, weiterverwendet werden dürfen. Zwar zieht diese Kultur auch bei Unternehmen ein – siehe eben erwähntes Beispiel der Bahn. Aber meist geht es um Daten internationaler Organisationen und staatlicher Stellen, die unmittelbar durch den Einsatz von Steuergeldern zustande kamen. In diesen Verzeichnissen finden sich viele Daten aus den jeweiligen Statistischen Ämtern und so manche „Schnarchdaten" (Datensätze ohne wirklich interessante oder nützliche Inhalte). Doch werden z. B. zunehmend Geodaten, etwa Hausnummernverzeichnisse und Luftbilder veröffentlicht, die nutzbringend eingesetzt werden können.

IFG & Aktenpläne
Auch wenn es (langsame) Fortschritte hinsichtlich Open Data gibt – manchmal muss man es eher konfrontativ angehen. Auf Bundesebene und in den Bundesländern (außer Bayern, Hessen, Niedersachsen und Sachsen) gibt es Informationsfreiheitsgesetze (IFG). Im Bund gibt es noch das Umweltinformationsgesetz (UIG). Aufgrund dieser Gesetze lassen sich Anfragen an Behörden zu Akten und

Unterlagen stellen. Die Behörden müssen darauf antworten. Ggf. fallen Kosten an, die nach oben gedeckelt sind. Man wird im Vorhinein auf die Kosten hingewiesen und kann die Anfrage auch zurückziehen. Im Falle einer Ablehnung kann man sich an den Datenschutzbeauftragen wenden, der dann versuchen sollte zu vermitteln.
Wichtig ist, dass man möglichst genau weiß, wonach man fragt. Ansonsten droht einem eine ebenso unexakte Antwort. In diesem Zusammenhang empfiehlt es sich, nach „Aktenplänen" zu recherchieren, die zumindest einen groben Überblick über die Arbeit einer Behörde vermitteln.
Das Webangebot fragdenstaat.de hilft einem dabei, seine Anfrage an die richtige Behörde und formal korrekt zu stellen.
» qr.uvk.de/dj/19

Scraping
Immer wieder stößt man bei Recherchen auf Websites auf Daten und Datenbanken, die Interessantes beinhalten könnten. Nun kann man versuchen, per Pressestelle oder gar mit einer IFG-Anfrage an die Daten zu gelangen – sofern man Wochen und Monate Zeit hat. Oft soll es aber schneller gehen.
Scraper (Auskratzer) sind kleine Programme, die systematisch Websites auslesen (sogenanntes screen scraping); ihnen wird vorgegeben welche Informationen aus der Website ausgelesen werden sollen. Sie können automatisch Links folgen (z. B. paginierten Registerseiten) – in dem Zusammenhang spricht man auch von „spidern" oder „crawlen".
Jeder Browser erlaubt es, sich den Quellcode der Seite, also das pure HTML, zu betrachten. Darüber wird die Struktur der Seite sichtbar und die liefert Einstiegspunkte für den Scraper; komplizierte Vorhaben benötigen in der Regel die Mitarbeit eines Programmierers. Einfachere Aufgaben lassen sich möglicherweise durch Online-Software lösen. Es gibt auch entsprechende Erweiterungen für den Browser (z. B. Outfit Hub).

Eine Einführung zum Scraping ohne Programmierkenntnisse findet sich unter dem Titel: „Web Scraping Without Programming" im Netz.
» qr.uvk.de/dj/20

Crowdsourcing

Per Crowdsourcing kann man sich Unterstützung holen, um Daten zu sammeln. Dafür kann schon ein schlichtes Webformular ausreichen. Die Methode dürfte dann auf Resonanz stoßen, wenn die Personen, die um Mithilfe gebeten werden, davon möglicherweise auch nutznießen können.
Etwa hatte das Webportal inFranken 2014 dazu aufgerufen, über eine interaktive Karte mitzuhelfen, Verbindungslücken im Mobilfunknetz der Region zu verzeichnen. Über 1000 „Funklöcher" wurden so gefunden:
» qr.uvk.de/dj/21

Anfang 2016 rief das Recherchebüro CORRECTIV dazu auf, daran mitzuwirken, die noch fehlenden Gebührenaushänge von 86 der deutschlandweit über 400 Sparkassen abzufotografieren. Das geschah in wenigen Wochen und es konnten beispielsweise Daten zu Dispozinsätzen in einer Übersicht veröffentlicht werden.
» qr.uvk.de/dj/22

Sensoren

Sensoren sind überall: Wetter, Verkehr, Lärm, Status von Aufzügen usw. usf. werden mit ihnen gemessen. Zum Teil liegen diese Daten frei zugänglich vor. Tendenz steigend. Zudem ist seit einiger Zeit die Rede vom „Internet of Things" (IoT) – gemeint ist damit, dass immer mehr Geräte und Gegenstände mit dem Internet verbunden sind und Informationen liefern. D.h. sie liefern Daten über ihren Status, ggf. ihre Umgebung und Interaktionen mit ihnen.
Günstige Computer wie Raspberry Pi oder Pine64, die ab rund 15 Euro erhältlich sind, erlauben es, sehr für schmales Geld eigene

Sensorenstationen zu bauen, etwa für Wetter- und Luftqualität. Das bietet sich für Lokalredaktionen an, aber auch um generell bei Recherchearbeiten offizielle Angaben zu überprüfen.
» **qr.uvk.de/dj/23**

Jedes neuere Smartphone trägt in sich Sensorik, zum Beispiel ein Accelerometer, mit dem sich Beschleunigung messen lässt, oder Neigungssensoren. Im Verbund mit dem GPS des Telefons machte sich das die Stadtverwaltung von Boston zunutze: Sie bat ihre Bürger, sich die App „Street Bump" auf ihr Mobiltelefon zu laden und während der Autofahrt zu aktivieren. So vermaß sie per Sensoren und Crowdsourcing die Qualität der Straßenoberfläche, etwa die Menge an Schlaglöchern.
» **qr.uvk.de/dj/24**

Die wohl bekanntesten Messwerte in der Presseberichterstattung sind die Daten von Seismometern. Ein Redakteur der L.A. Times setzte deren Daten ein, um die Berichterstattung über kleinere Erdbeben in der Region am den San-Andreas-Graben zu automatisieren. Der „Quakebot" ist ein beliebtes Beispiel für den „Roboterjournalismus".

Rechtliches

Manchmal ist unklar, ob man Datensätze veröffentlichen darf. Oder überhaupt weiterverwenden darf. In Deutschland sind Datensätze, etwa eine Liste aller Parkplätze einer Stadt inklusive Geokoordinaten, nicht durch das Urheberrecht gedeckt. Denn die Schöpfungshöhe für solche Zusammenstellungen ist zu gering, also die dafür aufgewendete intellektuelle Eigenleistung nicht ausreichend, um den Datensatz als geistiges Eigentum schützen zu können.
Allerdings gibt es ein „Datenbankschutzrecht": Es untersagt z. B., dass man etwa die komplette Datenbank der Flugverbindungen eines Flugunternehmens übernehmen und auf eigene Faust veröffentlichen kann.

Hier wird es aber bereits schwammig: So ist es durchaus – mehrfach gerichtlich bestätigt – erlaubt, etwa Preisvergleiche für Flugtickets anzubieten. D.h. einzelne Einträge aus verschiedenen Datenbanken von Fluggesellschaften dürften durchaus veröffentlicht werden. Wäre dem nicht so, hätten alle Preisvergleichsseiten ein großes Problem.
Im Zweifel sollten Sie sich, wenn möglich, juristischen Beistand holen. Und bei Informationen der öffentlichen Hand, die durch Steuergelder bezahlt erhoben werden, sollte man davon ausgehen, dass sie kaum einem Copyright unterliegen können (auch wenn einen Pressestellen oft etwas anderes glauben machen wollen). Diese Daten gehören der Allgemeinheit; sie sind gemeinfrei und Teil der „Public Domain". In dem Zusammenhang begegnet einem dann die Open Data Base License (ODbL) und auch Werke unter einer Creative Commons-Lizenz (CC).
Ein anderer rechtlicher Aspekt, der durchaus eine Rolle spielen kann, ist der Datenschutz. Listen, die persönliche Informationen wie Telefonnummern, Adressen oder Kontonummern etc. enthalten, gehören nicht veröffentlicht.

Plausibilität

Ist man sich nun sicher, einen Datensatz vorliegen zu haben, dessen Herkunft und Entstehungsgeschichte nachvollziehbar scheinen, sollte man testen, ob er in sich schlüssig ist. Je nach Umfang des Datensatzes ist es dabei angeraten, ggf. nur mit einem Ausschnitt zu arbeiten. Denn ein Datensatz mit mehreren zehn- oder hunderttausend Zeilen, überfordert möglicherweise den eigenen Rechner bzw. die eingesetzte Software.
Die simpelsten Schritte zum Testen von Daten ist, ob etwa Summen stimmen. Oder angegebene Prozentzahlen zusammen 100 Prozent ergeben. Zudem lohnt es sich, zumindest große Datensätze zu überfliegen: Fehlen Zahlen, sind alle Felder ausgefüllt, tauchen sehr ungewöhnlich hohe oder niedrige Zahlen auf?

Einen unbedingt lesenswerten Überblick über mögliche Probleme bietet „The Quartz guide to bad data – An exhaustive reference to problems seen in real-world data along with suggestions on how to resolve them."
» **qr.uvk.de/dj/25**

In diesem Zusammenhang sollte hier nicht „The Curious Journalist's Guide to Data" von Jonathan Stray vergessen warden.
» **qr.uvk.de/dj/26**

Säuberung

Der wohl nervigste Teil der Arbeit an einem datenjournalistischen Vorhaben ist der der „Datensäuberung". Gemeint ist damit, Daten in die Form zu bringen, so dass sie mit Tools weiterbearbeitet werden können. Neben Fehlern durch Encoding (siehe unten) müssen Daten auch manchmal umgerechnet (formatiert) werden: z. B. Fahrenheit in Celsius oder von einer Währung in die andere.
Doch geht es vor allem darum, Fehler und Ungenauigkeiten zu beheben: Oft sind Daten von Menschen bearbeitet worden. Beim Eintippen, Hin- und Herkopieren schleichen sich kleine Fehler ein: Mal fehlt ein Buchstabe oder zwei statt ein Leerzeichen wird zur Trennung benutzt. Bei Namen werden durcheinander Vornamen zuerst oder zuletzt genannt, Kommata und Punkte werden wahllos für die Dezimalstelle genutzt, Adressen führen Hausnummern mal in der gleichen Spalte wie den Straßennamen und mal nicht.

Endcoding

Vor allem deutsche Umlaute können bei Daten Probleme bereiten. Dabei spielt das „Encoding" einer Datei die Rolle. Gemeint ist damit, wie Zeichen digital übertragen und dargestellt werden (im Browser lässt sich das Encoding unter „Ansicht" umstellen). Treten jedenfalls scheinbar seltsame Fehler auf, wie dass München plötzlich als

MÃ¼nchen erscheint, dürfte sich das Problem dadurch beheben lassen, für die Datei ein UTF-8 Endcoding einzustellen.
Empfohlen sei hier zu den historisch-technischen Hintergründen der Text: „The Absolute Minimum Every Software Developer Absolutely, Positively Must Know About Unicode and Character Sets (No Excuses!)"
» **qr.uvk.de/dj/27**

RegEx
Neben diversen Excel-Operationen – mehr dazu weiter unten unter „Tipps für die Arbeit mit Daten" – wird im Folgenden das RegEx- Verfahren und das OpenRefine-Werkzeug empfohlen.
Mit Regulären Ausdrücken (Regular Expressions, RegEx) lassen sich Zeichenketten nach Merkmalen durchsuchen. Etwa findet der Ausdruck ([A-Z])\w alle Worte, die mit einem großen Buchstaben beginnen und mehrere Buchstaben enthalten. Dagegen findet ([A-Z])\s alle großen Buchstaben, auf die ein Leerzeichen folgt.
Texteditoren wie der kostenfreien Notepad++ (Win) und TextWrangler (Mac) erlauben in der Suchfunktion den Einsatz von RegEx (ggf. muss das in der Suche aktiviert werden, manchmal wird es auch als „Grep" bezeichnet). Durch die Funktion „Suchen und Ersetzen" lassen sich dann die durch die Regulären Ausdrücke identifizierten Stellen mit „Alle ersetzen" mit anderen Zeichen oder anderen Regulären Ausdrücken austauschen. So ist es z. B. sehr nützlich, dass sich mit \n alle Zeilenumbrüche finden und mittels \t durch einen Tab ersetzen lassen (der „backslash" wird unter Windows mit ALT GR+ß und unter Mac mit ALT+Shift+7 aufgerufen).
Mit etwas Knobeln und Ausprobieren lässt sich durch solche Operationen einiges an Arbeit ersparen und Struktur in Texte oder durcheinandergeratene Tabellen bringen, um sie in TSV/CSV umzuwandeln. Gut lässt sich das mit dem Webangebot „RegExr" üben.
» **qr.uvk.de/dj/28**

Open Refine

Bei OpenRefine handelt es sich um eine Software, die kostenfrei zum Herunterladen bereitsteht. Sie nutzt zwar den Browser, um ihre grafische Nutzeroberfläche darzustellen, funktioniert aber offline – eignet sich also auch für sensible Daten. Wie der Name schon sagt, geht es um das Raffinieren, das Verfeinern. Der Einsatz von OpenRefine lohnt sich besonders, wenn mit großen Datenmengen von vielen 10.000 Tabellenzeilen hantiert werden muss (Excel und Co können dabei an ihre Grenzen stoßen).

Das Programm bietet eine Vielzahl von Möglichkeiten, Daten zu transformieren und zu säubern: So kann man damit z.B. Daten im XML-Format in Komma-separierte Listen (CSV) umwandeln. Auch lassen sich verschiedene Bezeichnungen – etwa MwSt. und Mehrwertsteuer oder Umsatzsteuer und USt. durch eine einfache Operation zu einem Begriff zusammenfassen. Eine gute Einführung findet sich bei der „School of Data": „Cleaning Data with Open Refine."
» **qr.uvk.de/dj/29**

Veredelung

Säuberung und Verfeinerung gehen nahtlos in die Veredelung über; oft auch Hand in Hand. Gemeint ist damit die Anreicherung von Datensätzen mit zusätzlichen Informationen, um sie besser analysieren und visualisieren zu können. Sei es das Hinzufügen einer Spalte mit den Einwohnerzahlen der Bundesländer, dem Bruttoinlandsprodukt pro Kopf bei Zahlen zu Ländern der EU oder Geokoordinaten. Hier ist der Bereich, in dem die eingangs im Buch erwähnten Verfahren wie Linked Data zum Zuge kommen können: Datensätze werden automatisiert mit Informationen aus verschiedensten Quellen verknüpft.

Geocoding

Daten zu kartieren liegt oft nahe (auch wenn es, wie gesagt, nicht immer Sinn macht). Um aus Adressen Geokoordinaten zu machen,

braucht es „Geocoder". Dabei handelt es sich um die bereits besprochenen APIs (Schnittstellen). Sie liefern für eine Adresse Längen- und Breitengrad zurück. „Reverse Geocoding" dagegen zeigt für eine Geokoordinate die nächstgelegene Adresse mit Straßenname, Hausnummer und Postleitzahl.
Es gibt diverse Verfahren und Anbieter in diesem Bereich. Die bieten ihre Dienste zum Teil kostenfrei an, aber stellen dafür manchmal Bedingungen. So darf man die mit der Google Maps-API geocodierten Daten auch nur auf Google Maps-Kartenmaterial darstellen. Es sei denn, man zahlt Geld dafür. Großzügiger ist der Kartendienst HERE (ehemals Nokia), der 50.000 Adressen pro Monat kostenlos geocodiert (Stand: März 2016). Kartendienste wie Mapbox und CartoDB bieten ebenfalls Geocoding an und verlangen dafür ab einer bestimmten Menge Geld.
Braucht man keine hausnummergenauen Daten, sondern reichen die Geopunkte von der Lage einer Straße oder der Ortsmitte aus, dann kann die freie OpenStreetMap (OSM) gute Arbeit leisten (die Hausnummern liegen dort für den deutschsprachigen Raum bislang nur unvollständig vor). In Suchmaschinen findet man unter Stichworten wie „Nominatim", „Photon OSM" oder „Mapzen Search" entsprechende kostenfreie Dienste.
» **qr.uvk.de/dj/30**

MerginG/Matching
Im Rahmen von Säuberung und Veredelung werden so manchmal Datensätze zusammengeführt (merge/merging). Um das sinnvoll zu tun, müssen sie „gematcht" werden. Das meint, dass anhand einer Spalte, z. B. einer die Ländernamen enthält, entsprechende Werte aus einer anderen Tabelle übernommen werden – dafür muss die zweite Tabelle ebenfalls über eine Spalte mit Ländernamen verfügen. Probleme bereitet dabei oft, dass Schreibweisen in Datensätzen nicht ganz übereinstimmen. Um dies zu lösen gibt es zum Glück Werkzeuge, wie das bereits erwähnte OpenRefine. Manchmal reicht

aber auch schlicht die Suchen & Ersetzen-Funktion in Excel. Mehr dazu im folgenden Abschnitt.

C3 TIPPS FÜR DIE ARBEIT MIT DATEN

Im Lauf der Zeit landen viele Datensätze per Download oder anderen Wegen auf der eigenen Festplatte. Oft tragen sie kryptische Titel. Sie verständlich umzubenennen und in einer eigenen Ordnerstruktur abzulegen hilft, die Übersicht zu behalten. Beginnt man mit der Bearbeitung eines Datensatzes, so sollte man nicht das Original verwenden, sondern eine Kopie, um schnell zur Ausgangslage zurückkehren zu können. Bei größeren Arbeitsschritten, etwa Umrechnungen oder Verschmelzung mit einem anderen Datensatz (merge), wäre es angebracht, erneut eine Kopie zu erstellen, dieser eine Versionsnummer zu geben und damit weiterzuarbeiten.
Manche Datensätze werden immer wieder benötigt: Zum Beispiel Einwohnerzahlen der Bundesländer, Grenzen der Landkreise, Bruttoinlandsprodukt pro Kopf der EU-Staaten. Solche Datensätze sind zwar zügig im Netz gefunden und heruntergeladen; noch schneller aber geht es, wenn man solche Datensätze lokal auf seinem Rechner vorhält. Man sich also eine Datensammlung anlegt, die man über ein Netzlaufwerk (ownCloud, Dropbox, Google Docs) auch mit Kollegen teilen kann. Innerhalb einer Redaktion oder ähnlichen Verbünden kann das Open Source-Datenarchiv „Overview" gute Dienste leisten.
» qr.uvk.de/dj/31

Falls Sie mit Daten arbeiten, die keine sensiblen Informationen enthalten, so können Sie den Einsatz von Google Docs in Betracht ziehen. Denn das bietet auch ein Tabellenkalkulationsprogramm an. Der große Vorteil dieser Online-Software ist, dass mehrere Menschen an einer Tabelle zeitgleich zusammenarbeiten können. Zudem lassen sich die Daten im Netz per URL für jeden (auch ohne Bearbeitungsrechte) veröffentlichen und die Tabellen können mit anderen Diensten verknüpft werden.
Will man lieber lokal und auch gut ohne Internetverbindung arbeiten können, bietet sich neben dem kostenpflichtigen Excel (und auf dem Mac „Numbers") die Open Source-Software LibreOffice an, die es für Windows, Mac und Linux-Rechner kostenfrei gibt.

Mathe & Statistik

Kaum überraschend dürfte sein, dass bei Datenjournalismus mathematisches und statistisches Grundwissen benötigt wird. Etwa sollte man Prozente und Prozentpunkte auseinanderhalten können. So wurde zu Beginn 2007 die Mehrwertsteuer (Umsatzsteuer) nicht um drei Prozent von 16 auf 19 erhöht, wie öfters zu lesen war – sondern um drei Prozentpunkte. Erhöht hat sich die Steuer damit um 18,75 Prozent: (19-16)/16*100.
Auch sollte man den Durchschnittswert (arithmetisches Mittel) und den Median unterscheiden können. Angenommen drei Personen verdienen jeweils 25, 45 und 20 Euro in der Stunde. Dann beträgt der Durchschnitt des Stundenlohns (25+45+20)/3 = 30 Euro. Der Median (Zentralwert) dagegen liegt bei 25 Euro – die Menge der Werte wird in zwei gleich große Hälften aufgeteilt.
Einen lesenswerten englischsprachigen Leitfaden zu Statistiken findet sich online unter dem Titel „Statistics Done Wrong" (Alex Reinhart). (Den gibt es auch als gedrucktes Buch)
» qr.uvk.de/dj/32

Excel & Co.

Beim Einsatz des Tabellenkalkulationsprogramms – und der gehört eigentlich fast immer bei datenjournalistischer Arbeit dazu – reichen zum Einstieg einige einfache Operationen, um erste Schritte zur Datensäuberung vorzunehmen. Bitte beachten: In englischsprachigen Versionen der Programme werden andere Begriffe verwendet als in deutschsprachigen. Auch werden statt Kommata Punkte für die Nachkommastellen verwendet; in Formeln dagegen statt des Semikolons das Komma genutzt.
Die Programme haben mittlerweile gute Assistenzfunktionen und zeigen Beispiele für Formeln und andere Funktion unmittelbar an. Hier werden einige essenzielle Operationen aufgelistet, die Sie am besten mit Unterstützung besagter Assistenzfunktion ausprobieren.

» Formeln lassen sich durch einen „Griff" unten rechts an einer Zelle auf die danebenstehenden bzw. daruntersetzenden Zellen per Ziehen übertragen (ein Doppelklick übernimmt sie für die ganze Spalte nach unten). Will man sich immer auf eine bestimmte Zelle beziehen, lässt die sich in der Formel durch den Einsatz des Dollarzeichensystems fixieren: A2
» Werte aus anderen Tabellenblättern (Sheets) der gleichen Datei können über Tabellenblattname plus „!" übernommen werden.
» Per „Suchen & Ersetzen" lassen sich überzählige Leerzeichen entfernen, Kommata ins Semikola umwandeln, global Begriffe umbenennen usw. usf.
» Copy & Paste: Kopiert man z. B. eine Spalte und fügt sie an anderer Stelle ein, erhält man manchmal Fehlermeldungen: Das kann daran liegen, dass Formeln in den kopierten Zellen enthalten sind, die sich auf andere Zellen beziehen – deswegen gibt es die Einfügeoption „Nur Werte einfügen".
» Per Formel lassen sich Zellen verbinden. Das ist z. B. hilfreich, um Adressen in einem Feld zusammenzuführen.

In Anführungszeichen können Text, Leer- und Satzzeichen ergänzt werden, z. B.: =A2&" „&B2&", Berlin"

- Mittels „Teilen" (SPLIT) lassen sich die Inhalte von Zellen aufteilen. Der erste Wert gibt die Position, der zweite die Position an. Angenommen, der Wert der Zelle A2 wäre „abcdefg" würde folgende Formel den Inhalt in „abcd" und „efg" aufteilen: =Teilen(A2, 5). Ähnlich funktionieren die Kommandos „rechts" (right) und „links" (left) – hierbei muss angegeben werden, bis zu welcher Stelle von rechts bzw. links gezählt die Daten ausgegeben werden sollen.
- Mit „Wenn" (IF) lässt sich eine Bedingung setzen, etwa: Schreibe, wenn eine Zelle keinen Wert enthält, in der nächsten Spalte „nicht bekannt". Das funktioniert so: =WENN(Bedingung, wenn wahr, wenn falsch), also in diesem Fall =WENN(A2=0,"nicht bekannt",A2)
- Der „SVerweis" (VLOOKUP) wirkt auf den ersten Blick kompliziert, ist aber eine äußerst hilfreiche Funktion für das bereits erwähnte „mergen" und „matchen". Mit ihr lässt sich beispielsweise in einer Preistabelle der Preis für einen spezifischen Artikel aufrufen. So wird in der Formel an erster Stelle definiert, was genau gesucht wird, an zweiter Stelle in welchem Bereich der Tabelle und an dritter Stelle welcher Teil des Fundes zurückgegeben werden soll.
- „Bedingte Formatierung": Mit dieser Funktion kann man die Hintergrundfarbe der Zellen an Bedingungen knüpfen. Etwa alle Zellen mit einem Wert >20 werden hellblau hinterlegt. So lassen sich ggf. Auffälligkeiten und Trends direkt in Tabellen entdecken.
- Pivot-Tabellen: Ein „Pivot" meint Dreh- oder Angelpunkt; in dieser Darstellung wird die eigentliche Tabelle nach bestimmten Vorgaben zusammengefasst. Man stelle sich eine Liste vor, die in der einen Spalte eine Produktbezeichnung enthält und in der zweiten die verkaufte Anzahl des jeweiligen

Produkts für jeden Tag eines Monats. Mit einer Pivot-Tabelle kann ich nun prägnant die Gesamtverkaufszahl in dem Monat für jedes Produkt ausgeben.

C4 DATA MINING

Nach all dieser Vorarbeit kann man sich endlich an die Analyse machen. Selbstredend geschieht die Arbeit mit Daten nicht so linear, wie sie hier im Buch durchdekliniert wird: Es wird zwischen Schritten gesprungen: Fix wird schon mal testweise ausgerechnet und etwas visualisiert, auch wenn der Datensatz noch Fehler enthält, unvollständig und noch nicht validiert ist. An dieser Stelle soll an Folgendes erinnert werden: Fertigen Sie regelmäßig Sicherheitskopien der Datensätze, die in Arbeit sind, an und speichern diese auf einem USB-Stick sowie auf einem Netzlaufwerk (Dropbox, Google Drive etc.). Wenn es keine Daten sind, die sensible Informationen enthalten, bietet es sich auch an, sie fortlaufend an sich selbst per E-Mail zu schicken (wenn die E-Mails nicht nur lokal, sondern auch beim Provider permanent liegen). Dabei ist es sinnvoll, die Arbeitsfortschritte durch hochzählende Versionsnummern der Datensätze zu dokumentieren, um einfach an einen früheren Punkt der Arbeit zurückkehren zu können.

Analyse

Das eigentliche „data mining", d.h. das Schürfen nach der erkenntnisreichen Information, die ein Datensatz möglicherweise verbirgt, ist eine Wissenschaft für sich. Journalisten sind aber keine Wissenschaftler. Wir nehmen im Rahmen des Datenjournalismus

Anleihen aus dem Feld der „data science“, arbeiten manchmal mit Wissenschaftlern zusammen, haben aber ein anderes Interesse, andere Aufgaben und Ziele als Forscher. Das bedeutet nicht, dass unsere Methoden nicht korrekt sein müssen. Aber entgegen der Forschung hat Journalismus meist wesentlich weniger Zeit zur Verfügung. Es muss zwangsläufig zur Verkürzung kommen und bei einem gewissen Grad an Oberflächlichkeit bleiben. Dies ist dann kein Manko, wenn dieser Sachverhalt dem Leser/User gegenüber im jeweiligen journalistischen Stück auch transparent gemacht wird.
Aber keine Sorge: Tatsächlich dürfte dem größten Teil der existierenden datenjournalistischen Werke keine hochkomplexen, langwierigen und wissenschaftlichen Auswertungen zugrunde liegen. Oft besteht die Analyse eben darin, Werte zu sortieren, miteinander zu verrechnen und mit anderen abzugleichen. Aber das kann allemal reichen. So trägt das Portal Farmsubsidy seit geraumer Zeit die Agrarsubventionen zusammen, die von der EU in den einzelnen Ländern gezahlt werden. Neben einer Suchfunktion erlaubt es das Portal, schlicht Listen nach Höhe der empfangenen Summe zu sortieren. Wenn man dort Summen wie die für die Lufthansa (die wohl Subventionen erhielt, weil sie an Bord ihrer Flugzeuge Lebensmittel ausführt) entdeckt, hat man auf jeden Fall etwas mit Nachrichtenwert. Oder zumindest einen Anlass, genauer nachzuhaken.
» qr.uvk.de/dj/33

Selbstredend gibt es auch andere Vorgehensweisen: investigative Recherchen, die viel Aufwand in die Analyse von Daten stecken. Lesenswert ist dieser Bericht über die Arbeit hinter den „Offshore-Leaks“ (quasi der Vorläufer der „Panama Papers“), bei denen ein internationales Team von Journalisten versucht hat, Licht in das Dickicht von Steuerparadiesen zu bringen: „How ICIJ’s Project Team Analyzed the Offshore Files“.
» qr.uvk.de/dj/34

R

Spätestens hier ist es an der Zeit, die Programmiersprache „R" zu erwähnen. Sie ist auf Datenarbeit (data handling) und statistische Auswertung bis hin zur grafischen Darstellung ausgelegt. Es gibt viele Erweiterungen und Module, die die Funktionen von „R" für alle möglichen Fälle ausbaut. Z.B auch Scraping oder Kartendarstellungen. Wer sich ernsthaft mit Daten befassen will, sollte sich nicht vor der etwas höheren Einstiegshürde scheuen. Die Zeitersparnis, wenn man regelmäßig viel mit Datensätzen hantiert, wird sich mittelfristig auszahlen. Den Einstieg erleichtert die auf die journalistische Anwendung von R ausgelegte Übersichtsseite
» **qr.uvk.de/dj/35**

Kausalität & Korrelation

Bei der Analyse von Daten geht es darum, Muster, Trends und Zusammenhänge aufzuspüren. Das kann durch die Anwendung von statistischen Verfahren und mit Hilfe von Programmen wie Excel und Sprachen wie R gelingen. Gewarnt werden kann jedoch nur davor, Schnellschüsse zu fabrizieren. Denn nur weil es eine Korrelation zwischen zwei Datensätzen zu geben scheint, heißt das noch lange nicht, dass auch eine Kausalität besteht. Also dass es einen tatsächlichen und unmittelbaren Zusammenhang zwischen dem einen und dem anderen Datensatz gibt. Eine mögliche Kausalität zu belegen oder zumindest dafür Indizien zu liefern, ist Aufgabe des Journalisten, der dafür weiter recherchieren muss.
Pointiert stellt das Webangebot „Spurious Correlations" (Zweifelhafte Korrelationen) unter Beweis, wie schnell Daten in die Irre führen können. Tyler Vigen zeigt vermeintliche diverse absurde Korrelationen zwischen Daten auf: Etwa, dass scheinbar ein Zusammenhang zwischen den Ausgaben der USA für Raumfahrt und dem Tod durch Selbstmord per Erhängen in Nordamerika besteht.
Bei dieser graphischen Darstellung spielt es eine nicht unwesentliche Rolle, dass die Einteilung der jeweiligen y-Achse so gewählt wurde,

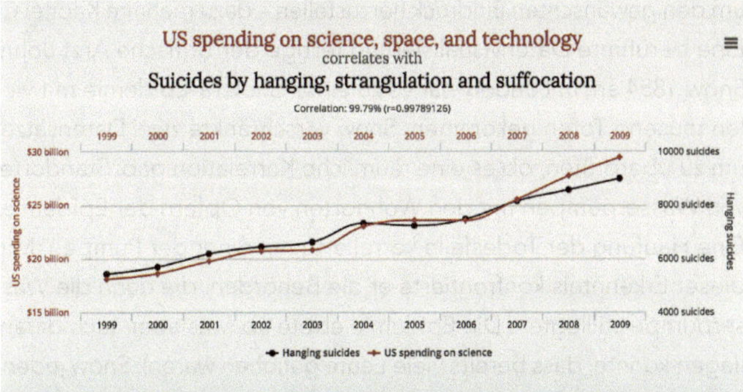

Abb. 4: Zweifelhafte Korrelationen

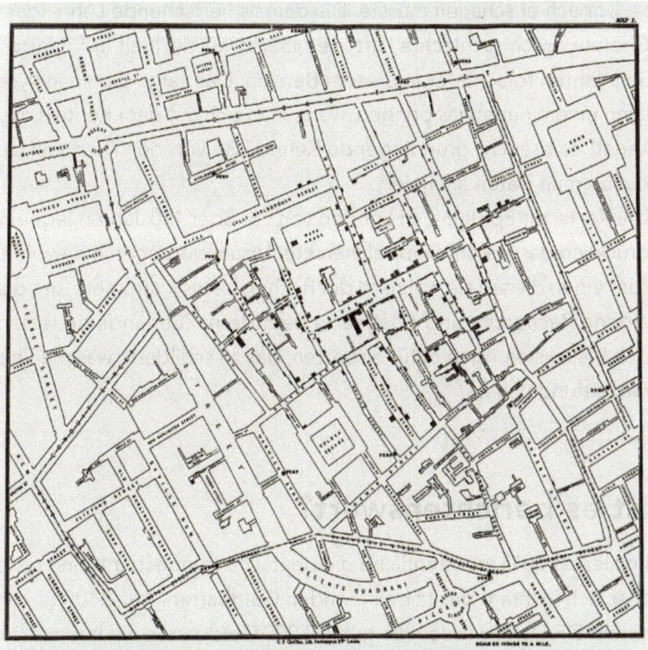

Abb. 5: Die Cholerakarte von 1854

um den gewünschten Eindruck herzustellen – dazu mehr im Kapitel C. Eine berühmte Datenvisualisierung fertige der britische Arzt John Snow 1854 an. In London war es zu einer Cholera-Epidemie mit vielen tausend Toten gekommen. Snow verschränkte zwei Datensätze, um zu überprüfen, ob es eine räumliche Korrelation gab: Standorte von Wasserpumpen mit den Wohnorten von Opfern der Epidemie. Eine Häufung der Todesfälle korrelierte mit einer der Pumpen. Mit dieser Erkenntnis konfrontierte er die Behörden, die dann die Wasserpumpe stilllegten. Die Epidemie ebbte ab (was aber auch daran liegen konnte, dass bereits viele Leute geflohen waren). Snow jedenfalls trug später seine Befunde auf der hier abgebildeten Karte ein.
Snow konnte zu seiner Schlussfolgerung nur kommen, weil er wusste, wonach er schauen musste. Die damals herrschende Lehre, dass Cholera durch „schlechte Luft" verursacht würde, hielt er für falsch. Seit Jahren forschte er in diesem Bereich. Das zeigt: Datenanalyse kann einem nur etwas bringen, wenn man sich mit dem Kontext auskennt; es braucht grundlegende Kenntnisse von der Thematik, zu denen man Daten analysiert.
Die Karte zur Epidemie in London von vor über 150 Jahren legt eindrücklich dar, welch' Doppelcharakter Visualisierungen innewohnt: Zum einen dienen sie während der Recherche als Instrument, um die eigene Recherche und Analyse zu befördern. Zum anderen lassen sich Visualisierungen dafür einsetzen, das zu schildern, was man herausgefunden hat.
» qr.uvk.de/dj/36

Ist es berichtenswert?

Im Herbst 2015 veröffentliche die deutsche Bundesbank eine Liste aller sich in ihrem Besitz befindenden Goldbarren. Auf 2.400 Seiten einer PDF-Datei wurden die gut 270.000 Goldbarren mit ihrem exakten Gewicht von jeweils etwa 12,5 Kilogramm, ihrem Feinwert, ihrem Lagerort und ihrer Inventarnummer aufgelistet: Zum Großteil wurde jeder Barren einzeln aufgeführt; ein kleinerer Teil wurde in Tranchen beschrieben.

Mit über 190.000 Zeilen ist ist das ein beeindruckender Datensatz. Aber auch einer der langweiligsten, den man sich vorstellen kann. Sicherlich könnte man jetzt zählen, wie viele Barren vom Durchschnittsgewicht abweichen. Aber wirklich spannend wird es nicht.

Dennoch kann dieser Datensatz Baustein eines spannenden Berichts, einer Recherche oder Reportage sein. Vielleicht kann so eine Liste helfen, die Geschichte einzelner Barren anhand ihrer Inventarnummern nachzuvollziehen: Aus welcher Mine stammt das Gold, welche Geschichte an kolonialer Ausbeute oder Nazi-Raubgold steckt in ihnen.

Daten stehen am Anfang der journalistischen Arbeit, nicht am Ende. Sie können den Anlass für einen Bericht liefern, weil sie Aspekte enthüllen oder Thesen untermauern. Das Großartige an Datenvisualisierung und dem Blick aus Sicht der Daten auf einen Vorgang ist, dass dank Visualisierung und Interaktivität neue Perspektiven geboten werden können. Perspektiven, die kein anderes Genre bieten kann.

Dennoch darf nicht vergessen werden: Die zentrale Aufgabe des Journalismus ist es, relevante von irrelevanter Information zu trennen. So empfiehlt es sich auch beim Arbeiten an einem datenjournalistischen Stück, ab und zu innezuhalten. Und zu versuchen, aus einer möglichen Betriebsblindheit herauszutreten, um zu ergründen, ob das journalistische Produkt, an dem gerade gearbeitet wird, einen Mehrwert an Information bietet. Die Frage, die man beantworten könnte ist: Was ist der Punkt an dieser Geschichte? Welchen Gewinn an Erkenntnis kann der Leser/User mitnehmen?

D

VERÖFFENTLICHUNG

D1 RHETORIK IM DESIGN

Präsentation

Eine interaktive Datenanwendung, eine Visualisierung, steht selten für sich allein. Meist ist sie eingebettet oder umgeben von anderen journalistischen Formaten: einem geschriebenen Bericht, einem Hintergrundstück oder einem Video-/Audiobeitrag. Dennoch sollte die Anwendung in sich schlüssig sein, wie eben auch ein Text für sich eigenständig stehen können muss. Ein guter aus Worten bestehender Artikel hat einiges gemeinsam mit einer gelungenen Visualisierung – bei beidem kommt es nicht zuletzt auf die Präsentation an.

Schrift selbst besteht aus grafischen Elementen, nämlich Buchstaben. Wir nehmen sie in der Regel nicht mehr als Symbole wahr, weil wir sie völlig verinnerlicht haben (vielleicht denkt man manchmal daran, wenn man chinesische oder arabische Schriftzeichen sieht). Wie gut sich ein Text lesen lässt, hat damit tun, wie gefällig die Typographie ist, wie leicht sie es einem macht, sie zu rezipieren: etwa nicht zu breite Spalten, nicht zu enge, aber auch nicht zu weite Abstände zwischen den Buchstaben und Zeilen oder die Wahl einer Serifenschrift (die mit ihren kleinen horizontalen Linien in den Buchstaben hilft, sich entlang der Leserichtung zu orientieren). Dazu kommen die Qualität des Drucks bzw. die Auflösung des Bildschirms, an dem gelesen wird, hinzu. Es spielen also Faktoren eine Rolle, die nicht unmittelbar mit dem Inhalt, sondern mit Technologie und Funktionalität zu tun haben.

Die weitere Ebene betrifft die inhaltliche Präsentation: Ein geschriebener journalistischer Beitrag sollte zu Beginn den Leser neugierig machen. Es ihm erleichtern, in die Thematik einzusteigen und Gedankengängen zu folgen; Fakten, Thesen und Argumente sollten

eine Stringenz aufweisen. Redundanz und zu viele Details, die dazu führen könnten, dass die Übersichtlichkeit verlorengeht, sollten vermieden werden. Und der Schluss sollte eben schlüssig sein: Das Ganze wird so abgerundet, dass der Leser weiß, was ihm der Artikel sagten wollte. Oder zumindest welche Fragen er stellen wollte. Wie gut das gelingt, hängt mit den rhetorischen Fähigkeiten des jeweiligen Autors zusammen – seiner „Redekunst".
» **qr.uvk.de/dj/37**

UI, UX und Usability

Diese Art von Design-Rhetorik spielt hinsichtlich von Datenvisualisierungen eine wesentliche Rolle: Der User soll Interesse daran finden, sich mit ihr auseinanderzusetzen. Sie sollte klar und präzise transportieren, was sie an wesentlichen Inhalten anzubieten hat und wie sie sich bedienen lässt.

Hier kommen die Konzepte von User Interface (UI), User Expierence (UX) und Usability zum Tragen: Hundertfach, wenn nicht tausendfach am Tag interagieren wir mit Interfaces (wörtlich übersetzt: Zwischengesicht). Und damit sind nicht die grafischen Oberflächen von Smartphones und Computern gemeint. Sondern wir nutzen diverse Knöpfe, Griffe, Hebel und andere Mechaniken, um mit Gegenständen zu interagieren. Zahllose Symbole, Markierungen und Schilder leiten uns durch die physische Welt.

Wie gut sich etwas nutzen lässt, hat mit der Qualität der Usability zu tun. Als Faustregel mag gelten: Lässt sich etwas intuitiv bedienen, hat es eine gute Usability. Dabei können auch Standards helfen: Dass Türklinken als mechanisches Interface gut funktionieren, liegt auch daran, dass sie in der Regel auf der immergleichen Höhe angebracht sind und auf gleiche Weise funktionieren. Optional sind Klinken-Interfaces mit Hilfstexten ausgestattet („Drücken" oder „Ziehen"): So wird ein gutes Nutzungserlebnis (User Experience) ermöglicht: Die Tür öffnet sich reibungslos in die erwartete Richtung. Klemmt oder schleift sie, beeinträchtigt dies wiederum das Erlebnis.

Am Bildschirm geht es abstrakter zu, letztlich dreht es sich immer um das Hantieren mit Informationen. Und dennoch geht um das Gleiche wie in der greifbaren Welt: Schalter und Griffe müssen montiert werden, hier und dort Markierungen angebracht und dort, wo es Not tut, Schilder und Beschriftungen befestigt werden.
» qr.uvk.de/dj/38

Niemals 3D
Beim Kofferpacken ist es meist ein guter Rat, die Hälfte zuhause zu lassen. Das gilt auch für Visualisierungen: Alles Überflüssige sollte vermieden werden. Das zeigt die britische Designfirma Darkhorse Analytics in einer kleinen Reihe namens „Less is more". In dem hier wiedergegebenen Fall wird eine Tortengrafik im 3D-Stil gezeigt (wer öfters Power Point-Präsentationen ausgesetzt ist, weiß, dass dies auch 2016 durchaus noch gerne eingesetzt wird). Solche 3D-Effekte verzerren Größen (wir erinnern uns an die Probleme bei Kartenprojektionen). Wir wollen aber die Möglichkeiten nutzen, Flächen miteinander vergleichen zu können, deswegen sollten sie plan, d.h. in 2D dargestellt werden.
Das Beispiel von Darkhorse Analytics zeigt nebenbei auch noch, warum Tortendiagramme schlicht durch Balkendiagramme ersetzt werden können. Letztere übermitteln meist effizienter ihre Information. Denn während wir Menschen die Länge zwischen zwei Punkten schnell erfassen können, haben wir Probleme damit, den Flächeninhalt von (Teil)-Kreisflächen zu erfassen. Das verwundert nicht: So ist es eben deutlich einfacher, eine Zahl von der anderen zu subtrahieren als z. B. den Flächeninhalt eines Kreises im Kopf auszurechnen: Pi mal zwei genommen mal dem Radius.
Insofern sollten Kreisflächen, wenn es um das Vergleichen von Größen geht, besser vermieden und möglichst Linien und Rechtecke verwendet werden. Setzt man dennoch Kreise ein, um Daten zu visualisieren, sollte man immer an Folgendes denken, um einen oft gemachten Fehler zu vermeiden: Bei der Darstellung von Mengen ist nicht der Durchmesser eines Kreises relevant, sondern die Fläche seines Inhalts.

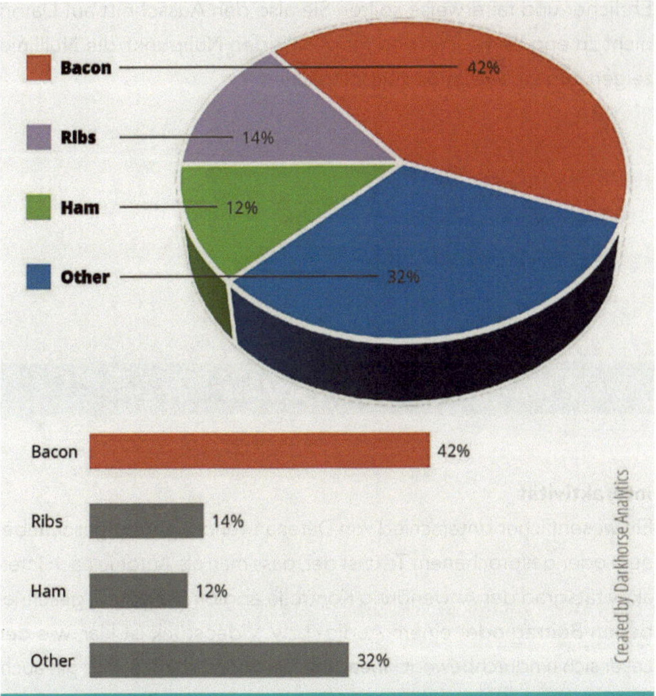

Abb. 6: Weniger ist mehr

» qr.uvk.de/dj/39

Nulllinie & Skala

Wie mit Visualisierungen manipuliert werden kann, zeigt das hier abgedruckte Beispiel. Je nachdem, ob die Nulllinie gezeigt wird oder nicht und welcher Zeitraum wiedergeben wird, entsteht ein unterschiedlicher Eindruck. Links sieht man nach einer ordentlichen Zunahme eine Abschwächung. Der rechte Graph dagegen zeigt einen dramatischen Verfall (etwas rot zu färben kann zusätzlich noch alarmistisch wirken). Beide basieren aber auf den gleichen Daten.

Ehrlicher und fairerweise sollten Sie also den Ausschnitt auf Daten nicht zu eng bemessen und möglichst den Nullpunkt/die Nulllinie zeigen, um eine Relation zu ermöglichen.

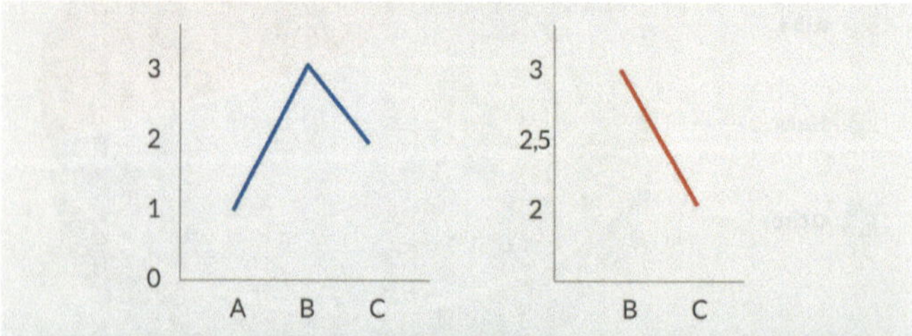

Abb. 7: Wie man mit Skalen manipuliert

Interaktivität

Ein wesentlicher Unterschied von Datenanwendungen zu geschriebenem oder gesprochenem Text ist der, dass man als Autor je nach Interaktivitätsgrad der Anwendung Kontrolle abgibt: Bei einem geschriebenen Beitrag oder einem Audio- bzw. Videostück ist klar, wie der Leser sich hindurchbewegt: linear, von vorne nach hinten. Das gilt auch für Klickstrecken oder andere Präsentationsformen, bei denen die Interaktion aus reinem Weiterklicken oder Herunterscrollen besteht. Hier wäre eigentlich angebracht, von „Interpassivität" zu sprechen.

Vollwertige interaktive Anwendungen haben zwar immer auch einen Anfang/Einstieg. Doch gibt es möglichweise kein klares Ende: etwa wenn der Nutzer Parameter verändern und selbst Schwerpunkte setzen kann, welche Daten er betrachten möchte.

So kann der Nutzer stärker involviert und in eine Auseinandersetzung mit einer Thematik motiviert werden. Allerdings sind solche interaktiven Anwendungen, die dynamisch auf die Eingaben des Nutzers reagieren, also ein gewisser Grad an Beziehung besteht, deutlich aufwendiger zu entwickeln. Dadurch, dass einiges an Kontrolle abgegeben wird, müssen mehr Eventualitäten berücksichtigt werden.

D2 VISUALISIERUNG

Kontext

Datenvisualisierungen sind im Journalismus nichts Neues. An Wahlabenden dreht sich alles um Prognosen und Hochrechnungen; Sitzverteilungen und mögliche Koalitionen werden in Diagrammen präsentiert. Eher im Bereich Service-Journalismus angesiedelt ist der Wetterbericht. Hierbei ist es üblich, auf Landkarten Temperaturprognosen und andere Vorhersagen deutlich zu machen. Dabei ist eine Wetterkarte, ob gedruckt in der Zeitung, animiert im TV oder interaktiv im Netz, ein wunderbares Beispiel dafür, was Visualisierungen zu leisten vermögen.

Im Fall des Wetterberichts werden enorme Datenmengen, die durch Sensoren (Wetterstationen und Satelliten) aufgenommen wurden, in komplexe Wettermodellrechnungen eingespeist. Diese spucken Prognosen aus. Und auch wenn nur eine Handvoll Zahlen auf der Karte zu sehen ist, vermögen viele Millionen Menschen einen Nutzen daraus zu ziehen. Was wiederum daran liegt, dass Landkarten – Visualisierungen von Geodaten – alleine schon eine enorme Menge an Informationen bündeln.

Der Clou von Visualisierungen ist nicht nur, dass sie Muster sichtbar und Abstraktes nachvollziehbar machen können. In ihrer interaktiven Variante können die Nutzer sich mit ihr in den Kontext setzen. Wenn das, wie beim Wetterbericht, schon anhand von ein paar Städtenamen und Ländergrenzen gelingt, lässt sich Folgendes schließen: Mit Datenbanken, die dynamisch auf Informationen anhand individueller Angaben (Adresse, Einkommen usw.) reagieren, lassen sich nützliche und fesselnde Anwendungen schaffen.

Kein Selbstzweck

Falls es bislang nicht deutlich geworden ist: Eine Visualisierung von Daten allein macht noch keinen Journalismus. Das reine Hinzufügen eines Balkendiagramms, eines Netzwerkgraphs oder einer interaktiven Karte macht aus einem Text noch kein datenjournalistisches Stück.

Die Visualisierung kann eine große Rolle spielen für die journalistische Arbeit, die man veröffentlichen möchte. Doch ohne Kontext und analytische Schicht wirkt eine Datenvisualisierung schnell blutleer und sinnlos.

Eine Visualisierung von Daten sollte also nie aus Selbstzweck betrieben werden; etwa weil noch ein graphisches Element benötigt wird, obwohl dies dann nicht wirklich etwas Neues beiträgt. Die Visualisierung sollte dann eingesetzt werden, wenn die sie etwas bieten kann, einen Zugang oder eine Sicht auf ein Thema, was anders nicht besser erreicht werden kann.

Eine gute Visualisierung

„What makes a good data visualisation?" Diese Frage versucht David McCandless in der folgenden Infografik zu beantworten. Er ist der Autor eines lesens- und sehenswerten Blogs, das die Gratwanderung zwischen Information und Ästhetik immer wieder thematisiert „Information is beautiful". 2014 brachte er das Buch „Knowledge is beautiful" heraus, aus der die folgende Grafik stammt und die freundlicherweise hier wiedergegeben werden darf.

» qr.uvk.de/dj/40

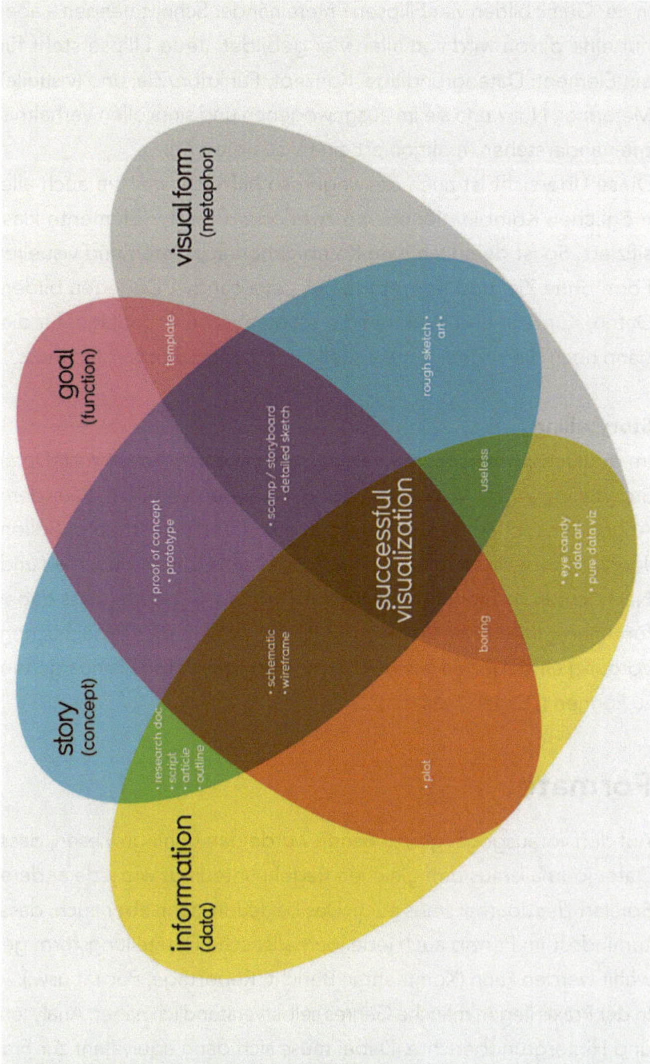

Abb. 8: Was macht eine gute Datenvisualisierung aus?

In der Grafik bilden vier Ellipsen untereinander Schnittmengen – aber nur eine davon wird von allen vier gebildet. Jede Ellipse steht für ein Element: Datengrundlage, Konzept, Funktion/Ziel und (visuelle) Metapher. Nur wenn sie im ausgewogenen und sinnvollen Verhältnis zueinanderstehen, funktioniert eine Visualisierung.
Diese Übersicht ist auch deswegen so hilfreich, weil sie auch alle möglichen Kombinationen von zwei oder drei der Elemente klassifiziert. So ist demnach eine Kombination aus Daten und visueller Form ohne Ziel und Konzept reines „eye candy". Dagegen bilden Daten, Konzept und Funktion die schematische Grundlage, für die dann noch die angebrachte visuelle Form gefunden werden muss.

Storytelling
Im deutschsprachigen Journalismus wird vermehrt das Wort (Data) Storytelling in den Mund genommen. Über den Begriff, der aus dem Angelsächsischen übernommen wurde, lässt sich streiten: Sollen Journalisten Geschichten erzählen? Oder nicht besser berichten und Nachrichten verbreiten? Eine Kritik an Storytelling lautet, dass dabei für einen guten Erzählfluss womöglich zu viel in den tatsächlichen Vorgang eingegriffen wird, um noch als purer Journalismus gelten zu können („Sagen, was ist").

Formate

Auf den vorausgegangenen Seiten wurde darauf hingewiesen, dass Datenjournalismus den gleichen Regeln unterliegt wie jede andere Spielart des Journalismus auch. Das bedeutet dann aber auch, dass zumindest im Prinzip auch jede journalistische Darstellungsform gewählt werden kann (Kommentar, Bericht, Reportage, Porträt usw.).
In der Praxis liegen manche Genres selbstverständlich näher: Analysen und Hintergrundberichte. Dabei muss sich dann äquivalent zur Frage „Ist es berichtenswert?" beantworten lassen: Sind die Daten zeigenswert? Was genau an ihnen ist besonders, was lässt sich mit ihnen

herausstellen oder nachweisen? Sind die Antworten klar, dann liegt vielleicht schon auf der Hand, wie die Daten dargestellt werden sollen. Im Folgenden wird eine Auswahl an Formaten vorgestellt. Dies kann selbstverständlich keine umfassende Darstellung aller Visualisierungsmöglichkeiten sein, die im Datenjournalismus eingesetzt werden können. Zur Vertiefung sei das bereits erwähnte Buch von Alberto Cairo empfohlen: „The truthful Art – data, charts and maps for communication" (2016).
» **qr.uvk.de/dj/41**

Erklärjournalismus
Seit wenigen Jahren wird vom „Erklärjournalismus" (explanatory journalism) gesprochen. Hierbei kann Datenjournalismus glänzen, weil interaktive Anwendungen sich gut dafür eignen, komplexe Zusammenhänge oder abstrakte Vorgänge abzubilden. Ein gelungenes Beispiel dafür ist der Lotterie-Simulator der L.A. Times. Mit ihm lassen sich zahllose Ziehungen der Lottozahlen simulieren, und man bekommt eindrücklich vorgerechnet, wie unwahrscheinlich es ist zu gewinnen und wieviel Geld man verliert, wenn man anhaltend spielt.
Selbstverständlich ist jedem klar, dass die Wahrscheinlichkeit von 290 Millionen zu eins für den Jackpot (beim U.S. „Powerball") einem wenig Chancen auf einen Gewinn einräumen. Doch bleibt dieses Wissen abstrakt, weil solch große Zahlen schwer begreiflich sind. Durch die Darstellung des Prozesses gelingt es der L.A. Times, dies nachvollziehbar zu machen.
» **qr.uvk.de/dj/42**

Small Multiples
Eine Serie von Diagrammen, die die gleichen Achsen und Skalen haben (kleine Karten eignen sich auch), ist gut für den Überblick über Trends. Auf der lesenswerten Website FlowingData findet sich eine Sammlung von Einsatzmöglichkeiten.
» **qr.uvk.de/dj/43**

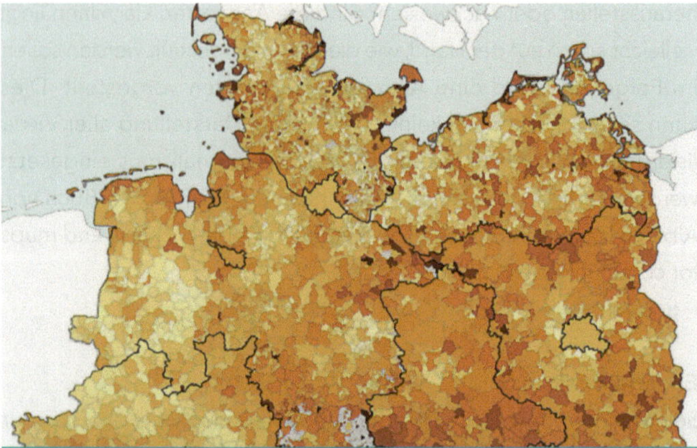

Abb. 9: Ausschnitt aus der „Zensuskarte" von 2011

Karten

Sogenannte Choroplethenkarten (Farbflächenkarten) sind eine vielgenutzte Darstellungsform. Etwa in der Darstellung von Arbeitslosenzahlen und Wahlergebnissen. Interessant werden sie, wenn eine verhältnismäßig hohe Auflösung vorliegt. Also statt nur der 16 Bundesländer die knapp 300 Landkreise (und gut 100 kreisfreien Städte) oder gar die fast 12.000 Gemeinden mit eigenen Farbwerten dargestellt werden.

Wichtig ist hier der Einsatz einer gut aufeinander abgestimmten Farbskala. Und die Daten sollten aussagekräftig sein. Oft kann es dafür Sinn machen, nicht die Werte der absoluten Zahlen darzustellen, sondern sie mit einer anderen Größe zu verrechnen. Also z. B. nicht das reine Bruttoinlandsprodukt (BIP/GDP) zu zeigen, sondern das BIP pro Kopf.

Wie man selbst mit der schon erwähnten Programmiersprache „R" solche Karten erstellen kann, erklärt das Tutorial „Create maps in R in 10 (fairly) easy steps".

» qr.uvk.de/dj/44

Service

Datenjournalistische Anwendungen können auch einen starken Dienstleistungscharakter annehmen. Gut zeigt das beispielsweise die Arbeit „Betongold" von Spiegel Online von 2015: Das Dossier dreht sich darum, inwiefern die Strategie aufgehen kann, als Altersvorsorge in ein Eigenheim zu investieren. Eines seiner Bestandteile ist ein Rechner, der anhand der Postleitzahl und anderer individuell anzugebenen Parameter eine Prognose abgibt, wie lange der Verkauf des Eigenheims einen Aufenthalt im Pflegeheim finanzieren könnte. Solch Serviceanwendungen sind manchmal recht einfach auf Basis der Daten, die man ohnehin für die Recherche zusammengetragen hat, umsetzbar. Sie bieten einen konkreten Mehrwert für die User, dürften aber auch nach der eigentlichen Geschichte noch den ein oder anderen Klick zusätzlich bringen.

» qr.uvk.de/dj/45

Quiz

An den Spieltrieb der Menschen knüpft das Quiz an. Auf Datenbasis lässt sich da so manches jenseits des klassischen Multiple-Choice-Tests realisieren. Ein Clou dabei ist, dass die Antworten in einer Datenbank gespeichert werden und für eine Art „Crowdsourcing" verwendet werden können. Wie gut hat man im Vergleich zu den anderen Teilnehmern abgeschnitten? Vorbildhaft hat das die New York Times 2015 eingesetzt: Sie forderte den User auf, in einem Koordinatensystem eine Kurve dazu einzuzeichnen, inwiefern das Einkommen der Eltern mit dem Besuch einer Universität zusammenhängt. Als Antwort wird dann nicht ein schlichtes Richtig oder Falsch zurückgegeben. Sondern eine Auswertung darüber, wie man im Vergleich zu den anderen Teilnehmern abgeschlossen hat und kurze Erläuterungen zu den (Falsch-)Annahmen, die der eigenen Kurve zugrunde liegen könnten.

» qr.uvk.de/dj/46

Netzwerk

Es kann vermeintlich naheliegen, Verbindungen zwischen Personen und/oder Firmen in sogenannten Netzwerkgraphen darzustellen. Doch ist von deren Einsatz in der Regel abzuraten. Zwar nicht im Bereich der eigenen Recherche und Analyse, denn dabei kann die Visualisierung von Netzwerken durchaus dienlich sein, um etwa Zusammenhänge herauszuschälen. Doch in der Veröffentlichung für Leser/Nutzer ist es schwer, so komplexe Verbindungen pointiert darzustellen. Weil sie je nach Umfang der beteiligten Personen/Institutionen sehr schnell unübersichtlich werden und meist eine gewisse Zeit, Vorkenntnis und Einarbeitung verlangen. Die Bereitschaft dazu kann bei den Usern nicht unbedingt vorausgesetzt werden.

D3 UMSETZUNG

Planung

Selbst wenn Sie keine eigens aufwendig programmierte Datenvisualisierung herausbringen wollen, sollten Sie ihre Veröffentlichung planen. Es gibt einige Verfahren aus der Produkt- und Softwareentwicklung, die dabei gute Dienste leisten können. Nur kurz erwähnt werden sollen hier zwei Konzepte. Bei der Vorbereitung größerer Softwareanwendungen werden „Persona" entwickelt, manchmal aufwendig unter Zuhilfenahme von Umfragen u.Ä. Diese Persona stehen jeweils für einen typischen Vertreter der Zielgruppe, die erreicht werden soll. Je nachdem werden diese Persona bis ins kleinste Detail in ihren Vorlieben und Interessen beschrieben. Das hilft dabei, Funktionalität und Aufbau der Anwendung auszurichten. Als zweites Konzept, nicht zuletzt mit Hilfe von Persona, wird die „User Story" ausgearbeitet: Wie und warum kommt der Nutzer zu der Anwendung, was will er dort erledigen, wie geschieht das und wie „erlebt" er das?

Wireframes & Mockups

Ganz am Anfang stehen wahrscheinlich Kritzeleien und Skizzen mit Papier und Stift. Hat man dann eine ungefähre Vorstellung, sollte man Aufbau und Funktionsweise des Datenstücks systematisch durchspielen. Dafür arbeitet man entweder auf Papier, unterstützt von

einem Lineal, weiter. Oder man nutzt eines der zahllosen Online-Tools, die sich unter dem Stichwort „wireframe tool" im Netz finden lassen. Alternativ kann auch ein Zeichenprogramm wie Illustrator, Sketch oder Inkscape (Open Source) verwendet werden.
Eingangs lässt man Fragen von Design, Farben und Aussehen beiseite. Es werden schlicht die Elemente, die die Visualisierung haben soll, skizziert. Wireframes (Drahtgittermodelle) dienen dazu, die Funktionalität zu planen: Welche Bedienelemente gibt es und was geschieht, wenn ein bestimmter Knopf gedrückt wird? Wie ändert sich dann die Ansicht? Jeder Schritt wird, wenn nötig, mit einer eigenen Wireframe-Ansicht dargestellt. Je nach Umfang landet man dann bei mehreren Dutzend Ansichten. Die lassen sich, ggf. ausgedruckt, auf einer großen Fläche gut arrangieren und umorganisieren. Auf diese Weise lässt sich schon gleich zu Beginn eine Anwendung „entschlacken" und eine unkomplizierte und übersichtliche Bedienweise (Usability) erreichen. Ab und zu sollte man sich (und andere) fragen: Braucht es diese eine Funktionalität wirklich?
Mit mockups (Attrappen) nimmt die Anwendung dann Gestalt an, das endgültige Design mit seinen visuellen Details wird entwickelt. Anhanddessen können dann genaue Angaben für das digitale Design und Funktionalitäten für die Entwickler aufgelistet werden.

Mobile

Eine Datenvisualisierung sollte zumindest in reduzierter Form auch auf Smartphones laufen. Das ist bei der Planung und Gestaltung von Beginn an zu berücksichtigen. Oft ist das Paradigma „mobile first" zu hören; ob das auch für komplexere Datenvisualisierung der Fall sein sollte, sei dahingestellt. Immerhin gibt es immer noch einen großen Prozentteil von Nutzern, die sich solche Werke lieber am Monitor eines PC/Laptops oder auf dem Tablet betrachten. Die Herausforderung bleibt, mobil zumindest das Wesentliche zu transportieren, auch wenn auf einen Teil der Funktionalität und des Interfaces verzichtet werden muss.

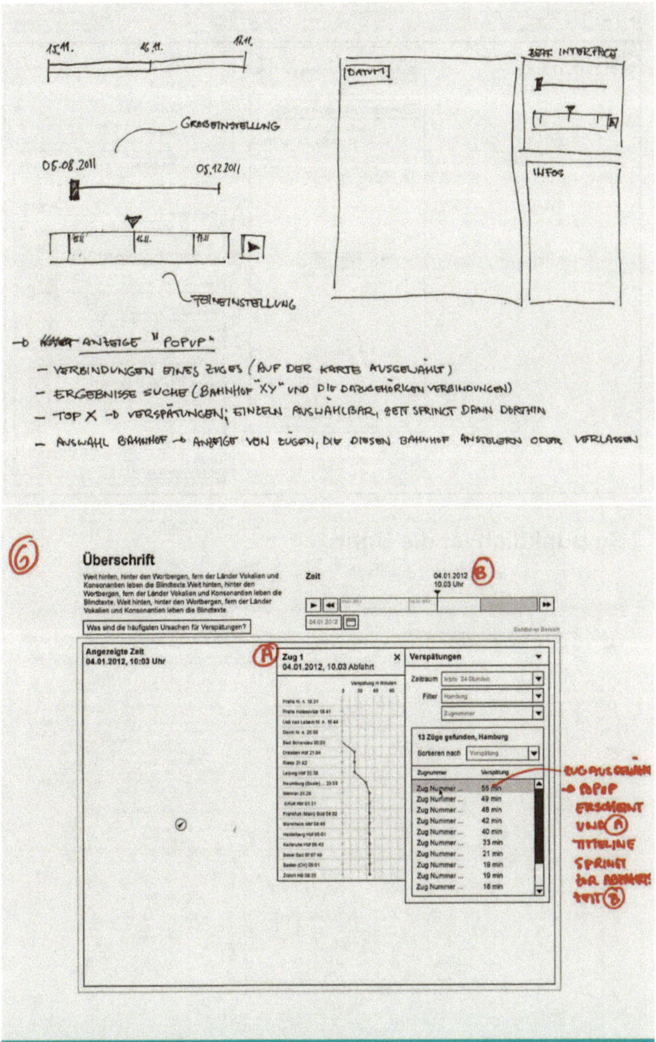

Abb. 10: Skizze und Wireframe als erste Steps zum fertigen Produkt (Zugmonitor, SZ, 2012)

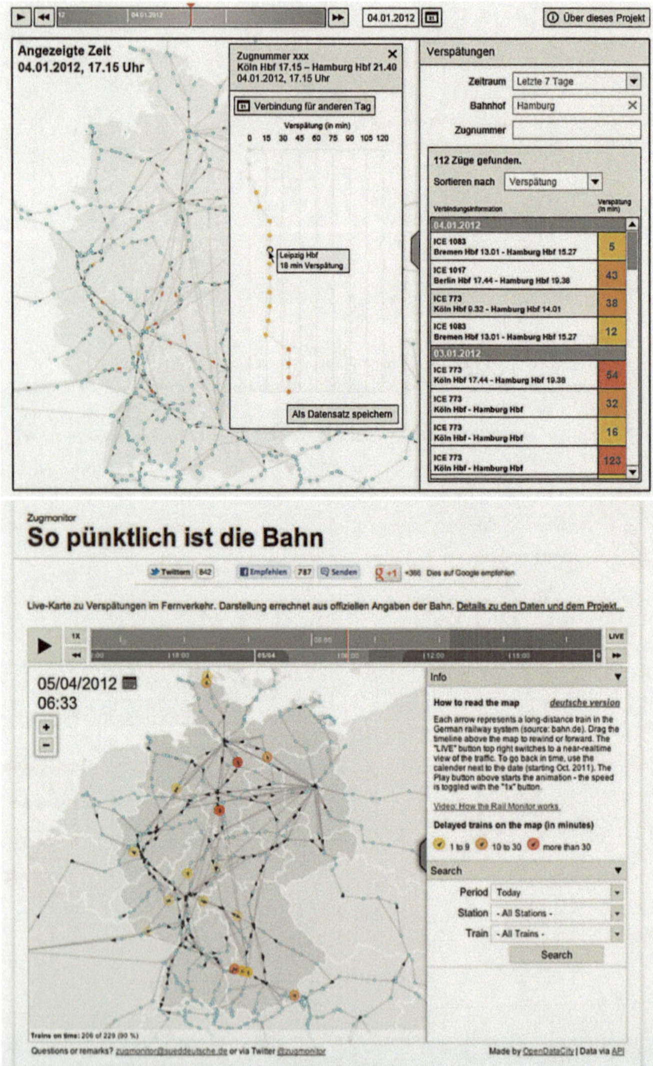

Abb. 11: Mockup und fertiges Produkt (Zugmonitor, SZ, 2012)

Tools – Eine Auswahl

Die „Essential Collection of Visualisation Resources" der Website visualisingdata.com umfasst um die 300 Einträge. Darunter finden sich Zeichenprogramme wie Illustrator, Visualisierungsbibliotheken wie D3.js oder ein Dienst wie Blockspring, der es ermöglicht, APIs in Tabellenkalkulationsprogramme einfließen zu lassen. Und auch wenn diese Liste schon umfassend erscheint, zeigt sie längst nicht alles, was mittlerweile an großen und kleinen Tools im Bereich Datenanalyse und -visualisierung vorhanden ist. Wie auch? Wöchentlich kommen neue Angebote und Lösungen hinzu, andere veralten und verlieren an Relevanz.
» **qr.uvk.de/dj/47**

Im Laufe der Zeit gewinnt man selbstredend einen Überblick, entwickelt Vorlieben und etabliert für sich oder in seinem Team einen Grundstock an Tools. Als Einstieg wird hier eine Reihe von Werkzeugen empfohlen, die es ermöglichen, zügig zu ersten zufriedenstellenden Visualisierungserfolgen zu kommen.

Notepad++/TextWrangler

Diese kostenfreien Programme leisten gute Arbeit, wenn mit größeren CSV und JSON-Dateien gearbeitet werden soll. Sie beherrschen RegEx-Operationen.
» **qr.uvk.de/dj/48**
» **qr.uvk.de/dj/49**

Google Docs

Diese kostenfreie Software läuft online und bringt alle notwendigen Funktionen eines Tabellenkalkulationsprogramms mit. Der Vorteil ist, dass mehrere Leute zusammen an einer Datei arbeiten können, die Daten direkt im Netz veröffentlicht und auch in andere Dienste eingebunden werden können. Ggf. sollte man sich über

Datenschutzaspekte Gedanken machen: Googles Algorithmen durchforsten in irgendeiner Form alles, dem sie habhaft werden.
» qr.uvk.de/dj/50

DATAProOFer
Mit diesem Open Source-Programm, das sich kostenfrei für Win/Mac/Linux herunterladen lässt, können Datensätze auf Fehler und in gewissem Grad auf Konsistenz überprüft werden.
» qr.uvk.de/dj/51

Sketch/Ilustrator/Inkscape
Diese Zeichenprogramm (Inkscape ist als Open Source kostenfrei) sind Universalisten. Sie helfen bei Skizzen, Wireframes und Mockups.
» qr.uvk.de/dj/52

Tabula
Diese OpenSource-Software für Windows und OS X, hilft, aus PDF-Dateien Tabellen zu extrahieren.
» qr.uvk.de/dj/53

Browsererweiterungen
Es gibt zahllose Erweiterungen für Browser. Zwei seien hier genannt: „Copytables" (Chrome) und „Table2Clipboard" (Firefox) helfen dabei, einfachere Tabellen auf Websites zu identifizieren und in Tabellenkalkulationsprogramme zu kopieren.
» qr.uvk.de/dj/54
» qr.uvk.de/dj/55

„JSONView" (Chome & Firefox) stellen JSON und XML-Dateien statt als Textwüste in ihrer Struktur im Browser dar. Das hilft ungemein bei der Lesbarkeit solcher Daten.
» qr.uvk.de/dj/56

Dieses unscheinbare Webangebot ist eine große Unterstützung bei der täglichen Arbeit mit Geodaten. Per Copy & Paste lassen sich GeoJSON-Dateien einfügen und direkt auf einer Karte betrachten. Die Karte lässt sich per Link mit anderen teilen und zudem gibt es die Option, die Daten in anderen Geoformaten zu speichern (wer viel mit Geodaten arbeitet, sollte sich mit dem QGIS, dem Open Source-Geoinformationssystem auseinandersetzen).
» qr.uvk.de/dj/57

Colorbrewer
Bei der Farbgestaltung von Datenkarten bzw. generell Skalen hilft einem dieses Tool. Es bietet diverse Paletten an, die in Kontrasten aufeinander abgestimmt sind. So lässt sich die Anzahl der Farbstufen von Skalen für aufsteigende oder divergierende Werte wählen. Nützlich ist auch die Funktion, nur Farben auswählen zu können, die auch für Farbenblinde geeignet sind (Datenvisualisierungen vertragen sich in den seltensten Fällen mit Anforderungen der Barrierefreiheit).
» qr.uvk.de/dj/58

DataWrapper
Um eher klassische Diagramme (Balken, Graphen) schnell und ansehnlich darzustellen – ob bei Recherchen und Analysen oder zur Veröffentlichung –, eignet sich Datawrapper gut. Neuerdings unterstützt es aber auch immer besser Kartendarstellungen. Per Copy & Paste lassen sich Datensätze direkt nutzen, Schritt für Schritt wird man durch das Verfahren geführt und sieht sofort, wie Änderungen sich auf die Darstellung auswirken. Die Ergebnisse lassen sich in die eigene Website einbetten.
» qr.uvk.de/dj/59

Datawrapper ist kostenpflichtig, bietet aber auch einen kostenfreien Plan für den Einstieg. Zudem ist es Open Source und lässt sich von einer Redaktion o.Ä. auch selbst auf einem Server installieren.

Alternativen mit einem ähnlichen Prinzip sind „Highcharts" und für eher unorthodoxe Darstellungen „Raw".
» **qr.uvk.de/dj/60**

Carto DB
Dieses Werkzeug ermöglicht es, ansehnlich Datenkarten zu gestalten, z. B. die schon genannten Choroplethenkarten. Sie lassen sich per embed im Netz veröffentlichen („embed"). Es unterstützt Einsteiger durch Assistenzsysteme, bietet aber auch für Fortgeschrittene viele Anpassungsmöglichkeiten – etwa Animationen von Datenpunkten über die Zeit („Torque"). Die Basisversion des Dienstes ist kostenfrei, die gesamte Software liegt auch als Open Source vor.
» **qr.uvk.de/dj/61**

iframe-scaffolder
Mit diesem Hilfsmittel können mehrere Visualisierungen, die per iframe (das ist der Code, den man zum Einbetten erhält) eingebunden werden, gebündelt veröffentlicht werden.
» **qr.uvk.de/dj/62**

Veröffentlichen

Besucht man heute Verlagsgebäude von Tageszeitungen, steht mit einiger Wahrscheinlichkeit eine ausgemusterte Druckmaschine in der Eingangshalle. Die Druckmaschinen des Internets sind Server, d.h. die Rechner, auf denen der Softwarecode gespeichert ist, der den Nutzer mit seinem Browser (Client) „bedient".
Das Nadelöhr, durch das diese Inhalte hindurch müssen, ist der Übertragungsweg von diesen Servern zum Client. Deswegen sollte man die Datenmenge im Auge behalten. Die Anwendung soll auch für Leute mit einer langsameren Internetverbindung nutzbar bleiben. Und auch die mobile Nutzung muss gewährleistet sein. Weder soll das Verbindungsvolumen vom Anwender vergeudet

werden noch kann überall von einer fixen Mobilfunkverbindung ausgegangen werden.

Fehler & Tests

Nach langem Arbeiten an einem Projekt droht das Phänomen der Betriebsblindheit. Einem selbst ist alles klar und total schlüssig. Was daran liegen dürfte, dass man sich viele Stunden mit der Materie auseinandergesetzt hat. Der Nutzer aber, der die Datenanwendung das erste Mal sieht, entscheidet in wenigen Augenblicken, ob er sich auf einer Website mit etwas weiter befasst oder nicht. Und da eine wichtige Währung für den Journalismus Aufmerksamkeit ist, möchte man erreichen, dass der User bleibt und sich mit seinem Werk befasst. In diesem Sinne sollte man während des Entwicklungsprozesses regelmäßig Außenstehenden seine Arbeit zeigen. Am besten beobachtet man dann erst einmal kommentarlos, wie sie sich ihr nähern und die Visualisierung bedienen. Nicht selten dürfte man davon überrascht sein, worauf von den Testern als Erstes geklickt wird und welche Fragen sie stellen – Aspekte, auf die man entweder selbst noch gar nicht gekommen ist oder die man eigentlich für eine Nebensache hielt.

Selbstverständlich ist das Testen auch für das Auffinden von technischen Fehlern notwendig. Dafür sollte ausreichend Zeit eingeplant werden. Nicht umsonst heißt es unter Softwareentwicklern: Die letzten 20 Prozent eines Projekts dauern so lange wie die ersten 80. Es kann mit ziemlicher Wahrscheinlichkeit davon ausgegangen werden, dass kurz vor dem Launch noch Probleme auftreten. Mal aus einem trivialen Grund, mal aufgrund einer vermeintlichen Nichtigkeit, die übersehen wurde, die aber technisch schwerwiegende Folgen hat.

Da heutzutage über eine große Palette an Geräteklassen veröffentlicht werden muss, steigt die Chance, dass es auf einer Plattform zu Problemen kommen kann. So heißt ein reibungsloses Funktionieren auf einem iOS-Mobiltelefon noch lange nicht, dass es auch auf einer älteren Androidversion funktioniert. Aber auch am Desktop kann es von Browser zu Browser, von Betriebssystem zu Betriebssystem Unterschiede geben.

Barrierefreiheit

Menschen mit Beeinträchtigungen können interaktive Datenvisualisierungen möglicherweise nicht nutzen. Standards für Barrierefreiheit im Netz sind zum Teil schlicht nicht für (interaktive) Grafiken realisierbar bzw. verzerren sie oder machen sie unbrauchbar. Doch manche Barrieren können auch einfach vermieden werden: etwa die der Farbenblindheit. Kombinationen von rot-grün sollten generell vermieden werden, da dies eine recht große Gruppe, vor allem Männer, nicht auseinanderhalten kann. Das bereits erwähnte Tool ColorBrewer bietet die Option an, nur Farbskalen, die auch für Farbenblinde geeignet sind, anzuzeigen. Farbenblindheit lässt sich mit der Software Color Oracle simulieren.

» **qr.uvk.de/dj/63**

Openess

Eine Sache, die man auf seiner Checkliste berücksichtigen sollte, ist, ob für den Nutzer die Datenquellen ersichtlich sind, die man verwendet. Anklang findet es, wenn die Daten im Sinne von Open Data selbst mit veröffentlicht werden. Als Download oder z. B. per Link auf ein Google Doc.

Ebenfalls ist die Veröffentlichung der selbst entwickelten Software auf einer Softwarecode-Plattform wie GitHub zu bedenken. Open Source lebt vom Geben und Nehmen.

» **qr.uvk.de/dj/64**

Der Launch

Möchte man eine größere datenjournalistische Anwendung und zugehörigen Bericht veröffentlichen, freut man sich natürlich über möglichst große Resonanz. Dienstag und Donnerstag gelten als gute Tage, um etwas unter die Leute zu bringen. Als Praxis hat sich auch etabliert, kleine Ausschnitte/Screenshots der Anwendung über Social Media-Kanäle zu verbreiten, um Nutzer neugierig zu machen. Arbeitet man für oder mit einem Medium zusammen, das neben seiner Website z. B. auch noch eine gedruckte Zeitung vertreibt, sollte man auch dort auf die Anwendung aufmerksam machen. Möglicherweise lassen sich aus der Datenvisualisierung zudem statische Grafiken erzeugen, die dort wiedergegeben werden können. Es sollte dann schon während der Entwicklung eine Lösung dafür gefunden werden, die notwendige hohe Auflösung für den Druck gewährleisten zu können.

Der kritischste Moment bei der Veröffentlichung sind die Stunden nach dem Launch. Sollte es dazu kommen, dass viel Aufmerksamkeit über die entsprechende Website hereinbricht, kann es zu Problemen mit der Last kommen. Das muss man nicht nur als großes Medienhaus bedenken. Sondern auch für ein kleines Projekt, das man auf sein Wordpress-Blog stellt. Selbst wenn die eigentliche Datenanwendung von einem Dienst wie CartoDB oder Datawrapper kommt, muss das Gerüst um sie herum auch standhalten. Insofern sollte man dafür gewappnet sein und sich, im Rahmen des Möglichen, auf einen eventuellen Ansturm vorbereiten.

D4 AUSBLICK

Datenjournalismus ist gekommen, um zu bleiben. Wie jeder Aspekt der digitalen Gesellschaft ist er einer permanenten Evolution unterworfen. Neue Geräteklassen, neue Verfahren und neue Dienste werden auftauchen. Wie z. B. wird Datenjournalismus in Virtual Reality aussehen? Macht es wirklich Sinn, auf „wearables" wie Smartwatches Datenjournalismus zu zeigen? Wie wird sich die Zusammenarbeit mit „Roboterjournalismus" ausgestalten?

Das alles ist selbstredend schwer vorherzusagen. Sicher kann nur sein, dass Datenjournalismus ein kreatives Genre ist, dessen Möglichkeiten wahrscheinlich nie ausgereizt sein werden. Denn es ist eben tief verwurzelt im Digitalen und verändert sich mit dessen Technologien fortlaufend mit.

Gerade auch deswegen wird Datenjournalismus gebraucht. Er ist eng mit Software und Algorithmen verknüpft, nährt sich vom gleichen Treibstoff wie die Rechner und das Internet: Daten. Welche Methode wäre besser dafür geeignet, eine digitale Welt zu begleiten und zu beschreiben?

X

ANHANG

X1 GLOSSAR

API

Ein Application Programming Interface ist eine Schnittstelle. Der Anbieter beschreibt Regeln, über die die Schnittstelle angesprochen werden kann. Beispielsweise kann der Google Maps API in einem festgelegten Format eine Adresse geliefert werden und zurück kommt die Geokoordinate (» Geocoding) etwa als » JSON oder » XML.

Big Data

Es geht um wirklich große Datenmengen, Datensätze mit vielen Millionen, wenn nicht sogar Milliarden und mehr Einträgen. Google wird eines der Unternehmen sein, das mit Big Data hantiert, im Bereich des Datenjournalismus dürfte man in der Regel nie mit Big Data zu tun haben. Allerdings sagen andere, dass „Big Data" mehr ein Konzept sei: Erkenntnisse aus großen Datenmengen zu gewinnen bzw. viele Daten zu verschränken und auszuwerten.

CSV

Comma separated value – kommagetrennte Tabellen sind das schlichteste und kompakteste Format, um Daten zu tauschen; ein universelles Austauschformat (auch TSV mit „Tab" als Trennzeichen). In der Regel bietet sich die Variante tab-separated-value an (tsv), weil im Deutschen (im Gegensatz zur Schweiz) Kommata als Punktation z.B. bei Geldbeträgen verwendet werden.

Data mining

Der Begriff meint die Auswertung von Daten, die Analyse. Überhaupt werden im Zusammenhang mit Daten viele Begrifflichkeiten, die mit dem Bergbau zu tun haben, verwendet: Schürfen, Säubern, Raffinieren, Veredeln usw.

DDJ

Data-Driven Journalism – datengetriebener Journalismus; etabliert hat sich im Englischen auch data journalism; im Deutschen Datenjournalismus. Eine Zeitlang war auch von Datenbank-Journalismus die Rede. Vermehrt trat der Begriff ab 2009 auf. Vorläufer bzw. verwandt ist Computer-Assisted-Reporting (CAR), was seit den 1960er-Jahren betrieben wird. Unter dem Hashtag #ddj findet bei Twitter darüber Austausch statt.

Git/GitHub

Ein Versionierungssystem für Software; mehrere Personen können am gleichen Code arbeiten, ohne sich dabei in die Quere zu kommen. Jede einzelne Änderung lässt sich nachvollziehen und die verschiedenen Arbeitsschritte zusammenfügen. GitHub ist eine populäre Plattform im Internet, die Dienste auf Basis des Git-Systems anbietet. Dort können öffentliche und nichtöffentliche „Repositories" geführt werden, an denen der Code „aufbewahrt" wird. Die Qualität von Softwarebausteinen (Libraries etc.) lässt sich auch daran erkennen, wie regelmäßig der Code weiterbearbeitet wird und wie oft er von anderen mit einem Favoritenstern markiert wurde. Mehr dazu in einer Einführung für „Nicht-Programmierer".

Javascript

Eine Programmiersprache, die vor allem für interaktive Anwendung im Internet-Browser dient, also z. B. dafür sorgt, dass Inhalte erscheinen oder sich verändern, ohne dass die gesamte Seite neu lädt. Mittlerweile eine Art Standard (hat Flash verdrängt). Es gibt zahllose Bibliotheken (Libraries), Programmierbauelemente, die an ihrer Endung .js erkennbar sind – etwa die Visualisierungsbibliothek d3.js – und auch Javascript-Anwendungen auf Seiten der Server (node.js). Ein deutschsprachiges Tutorial für Einsteiger findet sich hier.

Open Data

Oft ist „Open Government Data" gemeint: Datensätze, die in einem maschinenlesbaren Format frei zugänglich sind und mit einer freien Lizenz uneingeschränkt weiterverwendet werden dürfen. Zum Teil sind Behörden (aber auch Firmen und NGOs) dazu übergegangen, Daten im Sinne von Open Data zu veröffentlichen. Auch gehört es quasi zum guten Ton, dass Datenjournalisten – wenn möglich –, die für ein ddj-Stück von ihnen verwendeten Daten im Sinne von Open Data mit veröffentlichen.

Scraping

„Scraping" heißt übersetzt „(aus)schaben". In der Regel ist sogenanntes Web oder Screen Scraping gemeint: das systematische Auslesen, ggf. regelmäßig wiederholt, von Daten aus einer Website. Ein Beispiel wäre eine Kochrezept-Website, die viele tausend immer gleich aufgebaute Artikel enthält. Dem Scraper wird beigebracht, welche Elemente er aus der HTML-Struktur auslesen und wohin er deren Informationen in einen Datensatz/Datenbank schreiben soll. Zudem wird vorgeben, wir er die nächste Seite zum Auslesen findet, z. B. per Paginierung oder über den Austausch von Bestandteilen der URL. Scraping ohne Programmierkenntnisse bietet z. B. Kimonolabs an; komplexere Aufgaben, die zumindest etwas Programmierkenntnis verlangen, kann ScraperWiki übernehmen oder es wird direkt selbst ein Scraper programmiert, beispielsweise mit Python.

Shapefile

Ein Standard für Geodaten, mit dem Umrisse, z. B. von Staatsgebieten, beschrieben werden. Die Endung solcher Dateien lautet .shp

XML

Die Extensible Markup Language liefert als Austauschformat nach einem vordefinierten Standard Informationen aus; bekannt ist z. B. der RSS-Feed; der nach einem festgelegten Schema Nachrichten auszeichnet. XML eignet sich also gut für Textdokumente, für Daten wird heutzutage vermehrt » JSON eingesetzt.

X2 REGISTER

X3 ABBILDUNGS-VERZEICHNIS

- Abb. 1: xkcd.com
- Abb. 2: Stefan Kühne CC:by:sa
- Abb. 3: OpenDataCity
- Abb. 4: Tyler Vigen
- Abb. 5: Charles Cheffins, Public Domain
- Abb. 6: Darkhorse Analytics
- Abb. 7: Lorenz Matzat
- Abb. 8: David McCandless
- Abb. 9: OpenDataCity
- Abb. 10 + 11: OpenDataCity

NOTIZEN

NOTIZEN

NOTIZEN

NOTIZEN

NOTIZEN

NOTIZEN

NOTIZEN

Praktischer Journalismus Band 101

Website zum Buch: www.datenjournalist.de/buch

Bibliografische Information der Deutschen Nationalbibliothek
Die Deutsche Nationalbibliothek verzeichnet diese Publikation in der Deutschen Nationalbibliografie; detaillierte bibliografische Daten sind im Internet über http://dnb.d-nb.de abrufbar.

ISSN 1617-3570
ISBN 978-3-86764-651-2 (Print)
ISBN 978-3-86496-988-1 (EPUB)
ISBN 978-3-86496-989-8 (EPDF)

Reihenkonzept und Satz: Bureau Heintz, Stuttgart
Druck: CPI – Ebner & Spiegel, Ulm

UVK Verlagsgesellschaft mbH
Schützenstr. 24 · D-78462 Konstanz
Tel.: 07531-9053-0 · Fax: 07531-9053-98
www.uvk.de